リーダーのための!

コーチングスキル

谷 益美
Tani Masumi

すばる舎

プロローグ

人が育つところ、コーチングあり

「コーチング、大事だとは思うけど……」

こんにちは、谷益美《たにますみ》です。本書を手に取ってくださってありがとうございます。建材商社の営業職、ＩＴ企業の営業職を経て、ビジネスコーチとして独立して12年。全国様々な大学、企業、行政からお声かけいただき、スタッフ、マネージャー、リーダーに至るまで、これまで数千人を超えるビジネスパーソンに、「コーチング」を体験し、学ぶ機会を提供してきました。

「コーチング？　何のこと？　スポーツのコーチとか？」

と言われることの多かった12年前に比べると、「コーチング」という言葉は随分浸透したと実感します。本も数千冊出ています。研修を受けたという人にもたくさん出会います。しかしながら、実際に「使えるコーチング」を身につけ実践している人は、まだまだ少ないとも思います。

「時間がかかるし、まどろっこしい」
「うまくいく相手と、いかない相手がいる」
「効果が感じられないし、自分には向いてないと思う」

企業の研修やセミナーでは、「大事だとは思うけど……」という前置きと共に、多くの方のこんな言葉を耳にします。

かつては部長や課長といった「管理職向けのマネジメントスキル」とされていたコーチングも、近年では役職に関係なくより多くの人が学ぶスキルへと変化しつつあります。

私がお邪魔するコーチングの企業研修でも、現場のチームリーダーを初めて任される若手から、チームの成果に大きく貢献しているリーダー格のプレイヤーまで、これからの活躍が期待される様々な立場の方が参加されています。

厳しいグローバル競争の中、企業が確実に成果を上げていくためには、**メンバー一人ひとりの力を最大限に引き出す現場リーダーの存在**がもはや欠かせないものとなりました。

本書は、そんな今どきのリーダーが身につけるべき、本当に使えるコーチングスキルをご紹介していく「ビジネスコーチング」実践テキストです。

◉――リーダーにこそ必要な「影響力」を身につけよう

「リーダーについて唯一言えることは、『フォロワー』（信頼してついてくる人）がいるということだけである」

『プロフェッショナルの原点』（ダイヤモンド社）P.F.ドラッカー、ジョゼフ・A・マチャレロ著、上田惇生訳より引用経営学者ドラッカーは、リーダーである条件をこのように定義しました。リーダーには優秀なフォロワーが必要です。とは言え、「黙ってオレについてこい！」と言ったところで、今どきのビジネスパーソンは、おいそれとついてきません。仮についてきたとしても、「リーダーに言われたから」「仕事ってそういうモンなんですよね」という受け身なメンバーばかりでは、強いチームは作れません。

言わずもがなの変化の速い現代だからこそ、仕事を理解し、チームの目的を理解した上で、自律的に動けるプロ意識を持ったメンバーを育てたいと願うリーダーは少なくないはずです。性別、世代、価値観の違いなど、様々な多様性を持つメンバーから力を引き出し、強く、しなやかなチームを作るためには、相手を動かし成長させるリーダーの**「影響力」**をしっかりと磨き上げることが必要なのです。

「影響力」とは、他に働きかけ、考えや動きを変えさせる力です。もちろん、変えさせると言っても、無理に相手を変えようとするのではありません。相手が自ら変わる手助けをしていくという意味です。

「他人と過去は変えられない」とは、大変よく聞く言い回しですが、それでは困ると思うことはないでしょうか。

「ウチの若手、いつまで新人気分でいるつもりだ」
「メンバーみんながもっと自発的に動いてくれるようになればいいんだが……」

リーダーとして、そんなふうに思うことがあるならば。相手に働きかけ、変化と行動、成長を促すコーチングのスキルは、きっと皆さんの強力な武器になるはずです。

◉――デキる人ほど陥りやすい、コンサルスイッチオン！の罠

コーチングとは、ひと言で言うと「引き出す」コミュニケーションです。「引き出す」とは、働きかけて、隠れているものを表に出すこと。相手から、気づきや行動を引き出し、変化と成長を促すために、しっかりと「聞く」姿勢が、コーチングの基本です。

「だからまどろっこしいんだよ。ダラダラ聞くより指示したほうが早いじゃない」

そうおっしゃる方の大半は、いわゆる仕事の「デキる人」。メンバーの抱える問題や、やるべきことにさっと気づき、的確な指示を出せる人です。

相手の話を聞きながら、即座に考え判断して、指示を出せるわけですから、そうおっしゃるのも無理はありません。リーダーとして迅速に指示を出し、結果の責任も潔く取る。メンバーからの信頼も厚く、チームの成果も十分に生み出せる姿は、理想的なリーダー像とも思えます。

そして、そういった優秀なリーダーの方々から同じくよく伺うのは、メンバーに対するこんな言葉。

「ウチのメンバー、オレに頼りすぎだと思うんだよ」
「厳しく言えばやるんだけど、言い続けてないと動かないんですよね……」

自分で考えて動かない、指示待ち族になっているなど、成長しない相手に対するイラ立ちや諦め。もしも皆さんもそう思うなら、仕事がデキる人こそハマりがちな**「コンサルスイッチの罠」**に囚われているのかもしれません。

もちろん、クレーム対応や緊急事態など、至急の対応を求められる場面で必要なのは「即決・即断」。リーダーのコンサルスイッチをオンにして、迅速対応を取ることが優先されます。しかしながら、いつもいつも「スイッチオン」では、メンバーに深く考えさせ、試行錯誤させる成長の機会も奪ってしまいます。

メンバーの話を聞くことで、相手に話をさせ、考えさせるコーチングでは、問題解決の主体は「メンバー」。自分で考え、課題に気づき、行動することを促します。

対して、相手の話を聞き、リーダーが解決策を考えるコンサルティング的対応では、問題解決の主体は「リーダー」。メンバーは、情報を提供し、言われたことを指示通りに実行するよう促されます。

デキるリーダーは、どちらのスイッチも標準装備。大切なのは、状況と相手に合わせてオンオフ自在に使い分ける、リーダーの柔軟な対応力です。

「それがなかなかうまくいかないんだよなぁ……」

そうおっしゃる方にこそ、ぜひお伝えしたいのが、スキルアップの3つの柱。すでにコーチングについて学んだことがあるという人も、これから学ぶという人も、しっかり押さえておきましょう。

◉――コーチングスキルを身につけるために欠かせない3つの柱

まず1つめは**「練習」**です。コーチングは対話を通して相手に働きかけていくスキル。本や研修でやり方を学んで終わりではありません。必要なのは、一も二もなく実践練習。場数を踏むことが何より大切なのです。

仕事でもプライベートでも、誰かと話をするシーンがあれば、コーチングはいつでも練習可能です。しかしながら、そもそも普段の会話を「練習の場」と捉えていない。日々自分の対応力を磨くということ自体を「覚えていない」。そういう方がほとんどです。

様々な企業のマネージャーやリーダーが通う早稲田大学ビジネススクールの講義でも、1週間に渡る集中講義の中で受講生からこんな言葉をよく聞きます。

「こんなにいろいろ考えて対話したことなんてなかったです……」

多くの方は、自己流のやり方で対話を重ね、コミュニケーションを図っています。そこに今までやったことのない手法を取り入れ、相手の気づきと行動を引き出すための戦略を持って話を聞く、なんていうやり方は大抵の方が未経験です。

初めは一日数分でも構いません。メンバーとの普段の対話の中で、コーチングを意識して練習することが大切です。本書を読み進める中で、「これならやれる」と思うことを見つけてぜひ続けてみてください。継続は力なり。数週間も経てば、より戦略的なコミュニケーションでチームを回すコツがつかめるはずです。

2つめが**「マインド」**の切り替えです。コーチングは相手のやる気と自発的な行動を引き出すためのスキル。リーダーはメンバーの成長を手助けする役回りです。中には、未熟なメンバーや、思い通りに動いてくれないメンバー、自分の理想や価値観とは全く異なるメンバーなど、**一筋縄ではいかない相手**もいます。

そういう難しい相手にも向き合い、成長させる力を身につけるには、「人の可能性を信じる」「問題にポジティブに向き合う」そして「価値観の多様性を受け入れる」といったコーチングマインドを身につけていくことが必須です。第2章では、いくつかの事例を交えながら、ご説明していきます。

3つめが**「知識やツール」**です。コーチングを日々の業務にスムーズに取り入れていくには、どんなスキルが必要か、役立つツールが何かを知り、使いこなせるようになることが不可欠です。

例えば、相手の話を引き出すための**「聞くスキル」「質問するスキル」「伝えるスキル」**。さらには、メンバーの目標達成や問題解決をサポートするための、**「GROWモデル」**というコーチングのフレームワークについて、第3章以降で順に詳しくご紹介していきます。

「練習」「マインド」「知識やツール」。

上達のための3つのポイントがわかったら、あとは自分に必要なところを埋めていくだけ。自分の課題を明確にして、チームの力を最大限に引き出すためのスキル、コーチングスキルをしっかり磨いていきましょう。

◉――相手は部下だけではない。同僚、上司、お客さま、誰にでも

「部下も後輩もいないんですけど……」

そうおっしゃる方も含め、すべての方にお伝えしたいのは、コーチングスキルの対応範囲。チームメンバーの育成目的のみならず、顧客応対、クレーム対応、上司との関係作りやプライベートに至るまで、**人と関わるすべてのシーンで、相手を問わず使えます。**

私がコーチングを学び始めたのは、２００２年の秋頃でした。社員数名のＩＴ企業で営業職に転職したばかりのその当時、当然部下も後輩もゼロ。部下育成の機会はもちろんありません。

そんな私が最初に効果を実感したのが、営業力の向上です。自分のヒアリング力がアップし、顧客との打ち合わせがスムーズに進むようになり、また、社内メンバーや外注先との関係作りにも、良い影響を与えてくれました。

「仕入れ先との価格交渉が、変わりました」
「ギスギスしていた社員のチームワークが、良くなってきました」

コーチングを学び、実践するビジネスパーソンから様々に聞こえてくる数多くの成果事例。次に成果を生み出すのは本書を手にした皆さんです。

プロ意識溢れる自立したメンバーが、助け合い、磨き合う、強くしなやかなチーム。そんなチームを生み出すリーダーのポジティブな影響力を身につけるために。

早速、次章から、リーダーとしてのコーチングスキルを磨いていきましょう。

リーダーのための!
コーチングスキル
⦿
目次

ワークシートに記録して定期コーチング

第2章 相手の心を動かすコーチングマインドとは？

第3章 まずは基本の「聞く」スキル

第4章 気づきを促す「質問」のスキル

第5章 相手に響く「伝える」スキル

ブックデザイン　遠藤陽一（デザインワークショップジン）

第1章

これがリーダーのための！コーチングスキル

1 そもそもコーチングとは？

引き出して支援する、コミュニケーション

コーチングとは、「引き出す」コミュニケーションだとお伝えしました。会話を通して、相手のやる気や考える力を引き出すこと。そして、自発的な行動を促し、相手の成長を支援すること。リーダーがコーチングを実践すれば、自ずと周りに自律人材が増えていきます。

「なんか良さそうとは思うけど、結局コーチングって何すればいいの？」
「相手の話を聞くだけで、ホントにそんなにうまくいくの？」

いろんな方からいただくコーチングへの質問、疑問。

よくわからぬままでは、しっかりとした取り組みも生まれません。また、リーダー自身が効果に疑心暗鬼では、メンバーへの良い影響など望めません。まずはしっかり「コーチング」への理解を深めておきましょう。

◉――「聞く」「質問する」「伝える」3つのスキル

コーチングは、リーダーが磨いていくべき「スキル」と具体的に実践していくための「仕組み」の2つの側面から説明できます。


まず最初に「スキル」とは、獲得可能な「技能や能力」のこと。

コーチングは「引き出す」スキルですから、一番の基本は「聞くスキル」です。


「コーチングって聞くことですよね？」

とはよく受ける質問ですが、半分Ｙｅｓで半分Ｎｏというのが私の答えです。

確かに、「聞く」スキルは人のやる気や考えを引き出す上で、非常に重要なスキルです。「聞く」というと、なんとなく受け身で、相手に働きかける行為とは正反対のように思えますが、そんなことはありません。**「相手の話を聞く」＝「話をさせる」＝「考えさせる」**ことにつながりますから、聞くことの効果は決して侮れないのです。

「あ、そうか！　こうすればいいんだ！」

誰かに話を聞いてもらっている最中、こんなふうに感じたことはありませんか？　あれこれ話をしているうちに、段々頭の中が整理されて、長らく考えていた問題の解決策がふっと浮かぶ瞬間。自分のすべきことが明確になり、明るい未来を想像し、どこからともなく湧き上がってくるモチベーション。「今すぐやってみたい！」思わずそんな前向きな気持ちになれるものです。

他にも、聞いてもらえた、わかってもらえたというスッキリ感が生まれたり、何らかの決意が固まったり。人は誰かに話すことで、様々な効果を手に入れることができます。このように、「相手の話を聞く」ということは、相手の内側に働きかけていく非常に能動的な関わりなのです。

ただし、勘違いしてはいけないのは、こうして話を「聞く」だけが、コーチングのスキルではないということです。相手に深く、広く考えさせるための「質問」のスキルや、相手の話にコメントしたり、情報提供したりする「伝える」スキルも重要です。

「聞く」「質問する」「伝える」。これら3つのスキルを使い、相手から引き出し、成長させる対話能力をまとめて「コーチングスキル」と言います。

「コーチングスキル」とは、聞くスキルをベースにした、相手を動かし、成長させる総合的対話力。そして思い立ったら、いつでもどこでも誰にでも発揮できる、道具いらずの便利なポータブルスキルです。相手の気づきを生み、行動を促し、成果と成長を生み出せる強力なサポート能力なのです。

◉──継続するための「仕組み」を整える

そしてコーチングの継続のためにはもう一つ、「仕組み」を整えることも大切です。「仕組み」とは、事をうまく運ぶために工夫された計画のこと。

コーチングは思い立ったが吉日で、いつでもどこでも誰にでも使えるスキルだとお伝えしました。しかしながら裏を返せば、「思い立たない」限り、実践されない可能性もあるということです。

だからこそ、**「いつ」「誰に」「どんなふうに」「どのようなタイミングで」**やるか、リーダーが自分の中である程度仕組み化しておくことが大切です。

「コーチングは、時間がかかる」とお考えの方も多いのですが、これは大きな誤解。日常業務のやりとりの中で行うなら、3分や5分、長くても10分で実践できます。授業や研修で実施するペアワークでも、こうした短時間でのコーチング練習を積み重ねていきます。時計で測ってみるとお気づきになると思いますが、聞くことにとことん徹すれば、人はたった数分で多くのことを語るもの。その効果は侮れません。

また、こうした普段使いに加えて、定期的にコーチングの時間を計画し、行動や成長を確実に支援する仕組みを作っておくと効果的です。忙しい日常から少し離れ、立ち止まって現状や課題をじっくり考えさせる機会にするのもよし、期間を決めて成長課題を設定し、その進捗を確認する機会にするのもよし。週に1度、月に数回など、頻度や時間は様々でも、計画されたコーチングの場は育成のマイルストーンとして機能します。

自分の「スキル」を磨くこと。

相手と対話の機会を持つ「仕組み」を整えること。

コーチングの両輪を整備して、メンバーの「成果と成長」を強力に後押ししていきましょう。

2 リーダーとしての「人間力」を磨く

◎関係性も重要です。話したい、と思われるために

リーダークラスにコーチング研修を受けさせた。現場へのコーチングを導入するために、月次面談の仕組みも取り入れた。なのに効果が出ないのはなぜなんだ……。

組織にコーチングを導入しようと試みた企業の経営者や人事ご担当者から、こんな嘆きをよく伺います。おっしゃる通り、せっかくの取り組みも、効果がなくては意味がありません。

リーダーが行う「ビジネスコーチング」で注意すべきは、メンバーとの関係性。リーダ

ーは、メンバーにとって身内ではありますが、自分を評価する立場にある「上司」です。

「こんなこと言ったら、今後の仕事に差し支えるからやめておこう」

「普段は指示するばかりのくせに、面談のときだけ意見を言えと言われてもね……」

「大体、上司と話なんてしたくないよ……」


こんなふうにメンバーが思っていたら、コーチングの効果半減。もしかすると、「無駄な時間」としてチームにネガティブな影響さえ与えてしまうかもしれません。コーチングに取り組む前の「やるべきこと」、しっかり把握しておきましょう。

◉――ビジネスコーチング成功のカギ「リーダーとしての基盤を整える」

メンバーと共に仕事をするリーダーは、仕事ぶりや普段のコミュニケーションなど、いつもあらゆる場面で見られています。皆さんも、特に親しくなくても普段の様子からなんとなく、「この人が言うなら」と思える相手もいれば、「アンタが言うな」とついつい思う、そんな相手もいるのではないでしょうか。

周囲にポジティブな影響力を発揮したいと思うなら、磨いておきたい「人間力」。リーダーとしての基盤を整えるために、今の自分についてしっかり分析しておくことが重要です。

GEのジャック・ウェルチをコーチングしていたことでも知られるエグゼクティブ・プロコーチ、マーシャル・ゴールドスミスは、リーダーが改善すべき**「20の悪癖リスト」**を著書の中で紹介しています。次のリストを参考に、自分に当てはまるものがないかチェックしてみましょう。

1. 極度の負けず嫌い。
2. 何かひとこと価値をつけ加えようとする。
3. 善し悪しの判断をくだす。
4. 人を傷つける破壊的コメントをする。
5. 「いや」「しかし」「でも」で文章を始める。

6. 自分がいかに賢いかを話す。
7. 腹を立てているときに話す。
8. 否定、もしくは「うまくいくわけないよ。その理由はね」と言う。
9. 情報を教えない。
10. きちんと他人を認めない。
11. 他人の手柄を横どりする。
12. 言い訳をする。
13. 過去にしがみつく。
14. えこひいきする。
15. すまなかったという気持ちを表さない。
16. 人の話を聞かない。
17. 感謝の気持ちを表さない。
18. 八つ当たりする。
19. 責任回避する。
20. 「私はこうなんだ」と言いすぎる。

『コーチングの神様が教える「できる人」の法則』（日本経済新聞出版社）
マーシャル・ゴールドスミス、マーク・ライター著、斎藤聖美訳より引用（表記原文ママ）

◉――人は誰でも悪癖を持っている。それに気づけるかどうか

この中の一つか二つ、特にその傾向が強いというものをなくすだけでも、リーダーの対人能力は大いに向上すると言われています。

「そう言えば、以前指摘されたなぁ」と反省したり、「あー、これウチの上司のことだ」と誰かの顔が浮かんできたりしたかもしれません。もしかすると、「確かに当てはまる項目もあるけど、別に問題ないでしょ」と思った方もいらっしゃるかもしれません。

「上司や周りの評価なんて、僕には関係ないですから」

とおっしゃったのは、リーダー研修に参加した営業所長のAさん。仕事へのコミットメ

ントも高く、プレイヤーとしての営業成績は上々。「部下とのコミュニケーションも取れています」と言う彼の職場では、若手メンバーの離職率の高さと、営業所としての成績の伸び悩みがここ数年の課題です。

「うちのチーム、風通しが悪くて……」と嘆くメンバーに言わせれば、Aさんの課題は「聞く耳を持たないこと」。そして、「正論で相手を追い詰めてしまうこと」。

確かに、中堅メンバーとAさんとのやりとりは、厳しく一方的で、聞いているとこちらまで緊張してしまいます。正しく厳しく指導することもときには確かに必要です。しかし、結果チームを萎縮させてしまっては元も子もありません。

チームや組織が大きな問題を抱えていて、メンバーが入れ替わっても問題が一向に解決しない。そんなとき、**まず変わらなければならないのは、メンバーではなくリーダーです。**リーダーが変われば、自ずとメンバーの反応も変わり、それがひいてはチームや組織全体に良い変化をもたらすのです。

だからこそ、リーダーとしての自分の課題を知るために必要なのは、「メンバーがどう感じているか」を意識すること。そしてできれば客観的に自分を知る機会を持つこと。

先のリストを活用して、皆さんが信頼する周りの誰かに、自分に当てはまる項目がないか聞いてみるのもお勧めです。

3 あなたはどのレベル？スキルアップの4段階

コーチングスキルを磨いていくための目安

先述のAさんのように、私たちは、知らず知らずのうちに「知ってるつもり」「できてるつもり」になりがちです。コーチングを学んで、そのレベルを上げていきたいと思ったら、知っておきたいこの理論。

1970年代にコミュニケーションや人間関係について研究していたGTI（Gordon Training International）メンバーによって提唱された「Four stages of competence（スキル取得の4段階）」は、わかったつもり、知ってるつもりな私たちに、大切な気づきを与えてくれます。各ステージごとに、順を追って見ていきましょう。

ステージ①「知らないし、できない」（無意識的無能：Unconsciously unskilled）

「コーチング？ そんなの必要ないよ」

最初の段階ステージ①は、そもそもそんなスキルを知らない、たとえ知っていても、自分には必要ないと思っている状態です。

「コーチング？ 知らないなぁ」
「以前研修で受けたけど、自分には向いてないからやってないよ」
「人の話を聞くんでしょ？ 普通にできてるから大丈夫」

知らないことには取り組めませんし、自分はできていると思っていては、それ以上の成長は望めません。まずは自分に必要なスキルだと自覚すること、そして、まだまだ成長の余地があることを理解すること。レベルアップのためにはそんな「気づき」が必要です。

「コーチング研修？　またやるの？」
「上の人たちに受けさせてくださいよ」

と、実施前から不満の声が上がり、どうしましょう……？　とご相談をいただいたのは、チームリーダー向けコーチング研修を企画したＩＴ関連企業のＡ社です。

よくよく話を聞いてみると、過去にも研修は実施していて、受講生の中にも、できている人できていない人のレベル差があるとのこと。それならば、と状況を把握するためのチェック表を作成して配布することにしました。

コーチングについて……
□何も知らない
□表面的に知っている（言葉は知っているなど）

□学んだことがある（書籍・研修などで）
□実践している（対応できない相手がいる）
□実践している（ほぼすべての相手への対応力アリ）
□他者にお手本を示せる（意図的に実施できる）
□他者を育成できる（相手のコーチングスキルを指導できる）
□他者を育成できる（コーチングスキルトレーナーとして多数に指導できる）

研修中に聞いてみると、「相手によってはできる」「お手本は示せる」など、「できる」レベルは人それぞれ。チェックしてみて、**まだ自分にも成長の余地がある**と気づけたことで、前向きな参加を促すことにもつながりました。

引き出すコミュニケーション＝コーチングは、リーダーにとっての必須スキル。多様なメンバーに実践できる柔軟な対応力が必要です。もしも皆さんが、実践しているけれども「対応できない相手がいる」ならば、まだまだ成長の余地があるということです。

自分の伸びしろに気づけたら、あとは実践練習あるのみです。できる自分を目指し、次のステージに進んでいきましょう。

ステージ②「知っているけど、できない」（意識的無能：Consciously unskilled）

「コーチング、意識してるよ！ でもなんだかうまくいかないんだよね……」

自分の課題に気がついたら、お次に来るのはステージ②。
しかしながら、ここは試練のステージです。

やるべきことはわかっているのに、どうしてうまくできないんだ……。この状態、できない自分を自覚して、なかなかツラく苦しい時期です。多くの人はここで諦め、練習自体をやめてしまいます。できない自分に目をつぶり、向いてないしとやめてしまう。

「私はコンサルするのが仕事ですからね」

とおっしゃるWさんは、切れ味鋭いアドバイスが持ち味の管理職。コーチング講座に参加して取り組み始めたものの、どうも聞くのが苦手とのこと。「私はこういう性格なんですよ」と、ある意味開き直ってしまいました。

36ページの「リーダーの悪癖リスト」の20番目、「『私はこうなんだ』と言いすぎる」状態にハマってしまったWさん、このままではコーチ力の向上は望めません。

ステージ②を乗り切るコツは、新しいスキルを身につけるには、**必ず「うまくできない」期間があると**知っておくこと。そして、苦しいこの時期を一緒に乗り切る「学習仲間」を見つけておくこと。

自転車に乗れるようになる前の「転ぶ期間」と理解して、どんどん挑戦していきましょう。

ステージ③「意識すると、できる」（意識的有能：Consciously skilled）

「意識してたらできるんだけど、ついつい忘れちゃうんだよね」

失敗しながらも継続して、だんだんできるようになってきた。

ここからの課題は、せっかく身につけたスキルを**「忘れず使う」**ということです。

「面談では聞けるんだけど、普段はあまりやれてないなぁ……」

意識していればできるステージ③で大切なのは、「やるべきこと」を思い出す自分なりの仕組みを持つことです。手帳に書いておくもよし、コーチングに関するメルマガを毎日購読するもよし。継続のための自分なりの仕組みをしっかり整えておきましょう。

ステージ④「意識せずとも、できる」（無意識的有能：Unconsciously skilled）

「なんだか最近いい感じだな……」

やるべきことを意識して、毎日実践し続けていると、今度はそれが当たり前になってきます。意識せずとも話を聞ける、照れることなく相手を褒められるステージ④は、新しいスキルがちゃんと使える「自分のもの」になった状態です。

「なんだかみんな変わってきたな」

もしもそう思えるなら、それは**自分が変わった証拠**。リーダーの変化はまるで映し鏡のように、メンバーの変化として現れます。

人は「変われ」と言われても、おいそれと変わりはしません。そして、「自分はこのままでいいから、メンバーだけ変えたい」と思っていては、コーチングは機能しません。しかし、リーダー自らが自分の欠点と向き合い、改善しようとする本気の姿勢は、メンバーの成長意欲にも必ず良い影響を与えます。

リーダーが取り組む自己変革は、自分も相手も成長させる非常に強力なアクションです。

「やってみよう」と思ったときから、効果は既に生まれています。後はひたすら実践あるのみ！　楽しみながら、取り組んでいきましょう。

◎──継続のための原動力。コーチングの効果を体感する

「それでは早速やってみよう！」と始める前にもう一つ。コーチングに取り組み始めたリーダーがぶつかりがちな壁についてもお伝えしておきましょう。

「ここではできるのに、職場ではうまくいきません」

研修や講義でコーチングを学び、現場で実践するリーダーから、こんなつぶやきをよく聞きます。受講生同士だとうまくできるのに、現場では使えない。理由は大きく2つです。

一つは先ほど挙げた**「関係性」**。リーダーとして相手からどう見られているか、メンバーとの関係性の問題です。上司であるリーダーは、メンバーからすれば「評価者」ですか

ら、なかなか意見を言いにくいのも当たり前。「そこは気にせず」と言われたところで、なかなか心のハードルを越えられない人も多くいます。だからこそ、先述したようにまずはリーダー自身が変化への挑戦を示し、背中を見せることが重要なのです。

そしてもう一つの大きな理由は、リーダーもメンバーも双方がコーチングの**「効果を実感していない」**こと。同じ会場でコーチングを学ぶ受講生同士は、双方聞き合い、コーチングの効果を実感しています。お互いが、相手に話すこと、聞いてもらうことの効果をわかっているからこそ機能するのです。

だからこそ、職場でビジネスコーチングに取り組む際には、コーチングとは何か、取り組む目的やその効果を、最初にメンバーときちんと共有しておくことをお勧めします。

可能であれば社内勉強会を企画して、社内講師として教える立場になるという方法も。「やらなくても困らない」ことには、私たちは取り組みませんし、「やっても成果が感じられない」「ご褒美なし」では、なかなかソノ気にもなりません。

例えば、社内コーチング宣言して、やらざるを得ない状況を作るのも効果的。「今期中に全員と面談する」「全員分の社員カルテをインタビューして完成させる」など、達成感を感じられる取り組みを宣言して始めましょう。実際プロを目指すコーチたちは、「100人チャレンジコーチング」と称して実践を積み、それをブログに記録することで有言実行できるよう、自分を追い込んだりします。

もしも皆さんが「コーチングを受けたことがない」のであれば、まずは受けてみることから。自分自身がコーチングを受けて、「引き出される効果」を実感し、納得しておきましょう。プロのコーチもやはり他者からコーチングを受け、技を磨いていることが多いのです。

「コーチングを受けるって、それって有料なんでしょう……？」

確かに、講座を受講したり、プロフェッショナル・コーチングを受けたりしようと思うと、どうしても費用が発生します。コーチングスキルを手に入れるための自己投資として思い切るのもお勧めですが、躊躇《ちゅうちょ》するなら身近な聞き上手、「ネイティブコーチ」にお付き合いいただきましょう。

そもそもコーチングとは、古今東西の人間関係構築に関する理論や知恵、そして、人の力を引き出すこと、成長させることが上手な人の共通点などを体系的にまとめたもの。「発見されたスキル」とも言われ、今も学術的な研究が進んでいます。

「なぜだかこの人には本音を話してしまう」「この人と話していると、問題点や自分の課題が整理される」「一緒にいると前向きな気持ちになれる」皆さんの周りに、そんな人はいませんか？

もしも思い当たる人がいるならば、自分の話の聞き手になってもらい、「話を聞かれる効果」をしっかり体感しておきましょう。自らの実体験が「コーチング」の効果への確信を生み、メンバーへの説得力を生み、うまくいかないときにも継続しようと思う原動力になるのです。

4 ビジネスならゴールセッティング重視

◎仲良しグループじゃ困ります。やる気を引き出す2つの指標

リーダーが取り組むビジネスコーチングでは、リーダーの「人間力」とメンバーとの「関係性」が大切だとお伝えしました。しかしながら、たとえコミュニケーションが活性化しても、単なる「仲良しグループ」では困ります。

①成果のための明確なゴール「KGI」を設定しよう

成果を生み出すチームの一員たるメンバーを育てたいなら、必要なのは個人とチームの明確なゴール。どこを目指すのか、方向性を示すことが必要です。

例えば企業なら、今期の売上・利益目標や、経営計画など、数字でハッキリ示される明確なゴールがあるはずです。KGI（Key Goal Indicator）と呼ばれる一つの指標として、日々の業務で耳にされている方も多いと思います。

これら数値目標は、経営幹部や社長など、数字で動ける一部の人には効果抜群。いつも組織の成長や将来ビジョンを考えているリーダーには、「この数字を達成したら、次はこんな戦略が取れる」「これだけの売上が上がれば、業界の中でも有利なポジションにいるはずだ」など、数字と共にしっかりと、達成したときの手に入れたい魅力的なイメージが描けているからです。

ところがこのＫＧＩは、メンバーのやる気を引き出し鼓舞する効果を発揮するかというと、残念ながらあまり期待はできません。現場で動くメンバーにとっては、ＫＧＩはある意味ノルマ。達成しないと怒られる、どちらかと言えばユウウツな数字とも言えましょう。

また、チームによっては定量的なゴールを設定しにくい場合もあります。総務チーム、メンテナンス部門など、業務を滞りなく進めることが求められる組織では、「何をゴールにすればいいんだ？」という質問をいただくことも少なくありません。

「オレたちは火事を消すことや、災害対応することが任務なんですよ」

と、人事評価制度に関する研修で訴えてきたのは、消防署管理職のAさんです。我々は突発的に起こる災害や人災に対し、できるだけ迅速に適切な対応を取る。そのための準備はいつも整えているけれど、緊急出動はいつ起こるかわからない。ましてや数値目標なんて、何を立てればいいんですかと、他の参加者も次々と疑問を口にします。

わからないとき、疑問だらけのときはどうするか。

そう、こんなときこそまさに、**コーチングの出番**です。

例えばこんな質問をしてみます。「10年前と今の世の中で、変わっていることは何ですか？」。するとAさんからは様々な答えが出てきます。「大規模災害への対策」や「火災時の高層階への対応」、「警察・病院といった関連機関との連携」など、こうした以前はなかった新しい課題を見つけて解決目標としていくのも一つの方法です。

インフラの発達や、そこで暮らす人たちの価値観や生活の変化など、私たちとビジネスを取り巻く環境は、常に変化しています。過去と同じことを継続しているだけでは、変化の中での現状維持、もしくはレベルアップは望めません。**数字目標が立てにくい業務こそ、メンバーの成長意欲をかき立てるコーチング的なアプローチが必要**です。

数字だけではメンバーのやる気を高める効果を期待できませんし、組織によっては、数値目標は確かに立てにくいかもしれません。だからこそ、未来の理想的な状態をゴールイメージとして描き、メンバーと共有し、ゴールセッティングする時間を設けていきましょう。

②成果のためのマイルストーン「ＫＰＩ」を設定しよう

ゴールセッティングができたら、今度はそれを具体的に実現していくために役立つ指標、「ＫＰＩ（Key Performance Indicator）」について整理しておきましょう。

ＫＰＩとは、組織や事業、業務の進捗度合いを測る、定量的な指標のこと。ＫＧＩをマラソンのゴールラインとするならば、ＫＰＩはマイルストーン。「今何キロ」を示す目印です。

営業売上に対する、顧客訪問数やＤＭ送付数。現場災害ゼロ目標に対する日々の安全確認活動や、資格取得に対する学習計画など、到達すべきゴールに対して様々なＫＰＩが考えられます。ＫＰＩをクリアしていくことで、ＫＧＩも達成できる、そんなプロセス目標を設定しましょう。

このＫＰＩは、内容を明確にしづらい目標、例えば顧客満足、従業員満足、リーダーシップなどのゴール達成にも大いに威力を発揮してくれます。

例えば、メンバーのスキルアップを目的としたコーチングの場合。「今期は、お客さまからもっと信頼されるようになります」と答えた相手へのコーチングでは、そのために必要な小目標を一つひとつ引き出していくのが有効です。

ＫＰＩは到達地点ですから、いつまでに、どんな状態になっているのかを明確にしていかなくてはなりません。今現在どこまで達成できているのか、最終的に達成できたのかどうか、などを知るための重要な指標となります。

また、「お客さまからもっと信頼されるようになる」ために、これから何に取り組むのか、いつ、誰に行うのかなど、スキルアップのためのプロセスも明確に。これをしておかないと、動き出せないメンバーもたくさんいます。気づくと今期が終わっていた、ということになりかねません。

◉――いずれの目標設定も「SMART」に

ゴール目標「ＫＧＩ」とプロセス目標「ＫＰＩ」。いずれの目標もきちんと機能させるためには、**SMARTに設定しておくこと**が非常に重要です。

ＳＭＡＲＴとは、目標設定時に押さえておくべきポイントの頭文字を並べたもの。人によって取り上げる語は様々ですが、ビジネスコーチングで押さえるべきポイントを考えると、お勧めは次の5つ。

S　Specific：具体的である
M　Measurable：測定可能である
A　Achievable：達成可能である
R　Result-based：「成果」に基づいている
T　Time-bound：期限付きの目標

これら5つのキーワードを使って、本人に考えさせるよう働きかけましょう。


「具体的に言うと？」

「どうやって測れる？」

「本当にやれる？」

「これをやると、どんな成果が出るの？」

「いつまでにやる?」

大切なことは、本人に問いかけ、話をさせることで深く、広く考えさせること。**質問されて答えに詰まるようでは、まだまだ機能する目標とは言えません。**

コーチングは、本人に考えさせ、コミットを促す、ある意味厳しいコミュニケーションです。だからこそ、相手がどんな答えも自由に口に出せる、聞き手の態度が重要なのです。

「下手なことを言っては怒られる」と、メンバーをただただ萎縮させてはいませんか?「話しやすく優しい。けれど、成果には厳しい」。コーチングスキルを身につけ実践するリーダーは、一見相反する印象を両方持ち合わせています。

リーダーが行うビジネスコーチングは、単なるアメでもムチでもありません。ゴールに向けて共に進むメンバーの成長を促す、愛あるアプローチの一つなのです。

5 コーチングのフレームワーク「GROWモデル」って？

より戦略的なコミュニケーションのために

コーチング＝引き出すコミュニケーション。まずは聞くのが基本です。しかしながら、単に相手の話に耳を傾けているだけでは、物事はなかなか進捗しません。

リーダーのためのビジネスコーチングに必要なのは、成果を生み出すための戦略的な対話。コーチングのフレームワーク「GROWモデル」を活用して、メンバーの「思考」を着実にゴールへと導いていきましょう。

GROWモデルとは、ビジネスコーチングで広く活用される代表的なフレームワーク。

G　Goal（理想の未来）
R　Reality（現状）
O　Options（行動の選択肢）
W　Will（意志）

とそれぞれの語の頭文字を取ったものです。Reality に加えて Resources（使える資源）、Will 以外にも Wrap-up（まとめ）など様々なバリエーションがありますが、**「ゴールを設定して」「現状とのギャップを明らかにし」「達成のための行動を決めて進めていく」**という点ではどれも同じです。問題解決のフレームワークでもありますから、当たり前に活用されている方も多いと思います。

GROWモデルのコーチングとは、このフレームを意識しながら、相手の話を聞き分け、思考を誘導していくコーチングのこと。本来あるべき状態に対し、現状はどうなっている

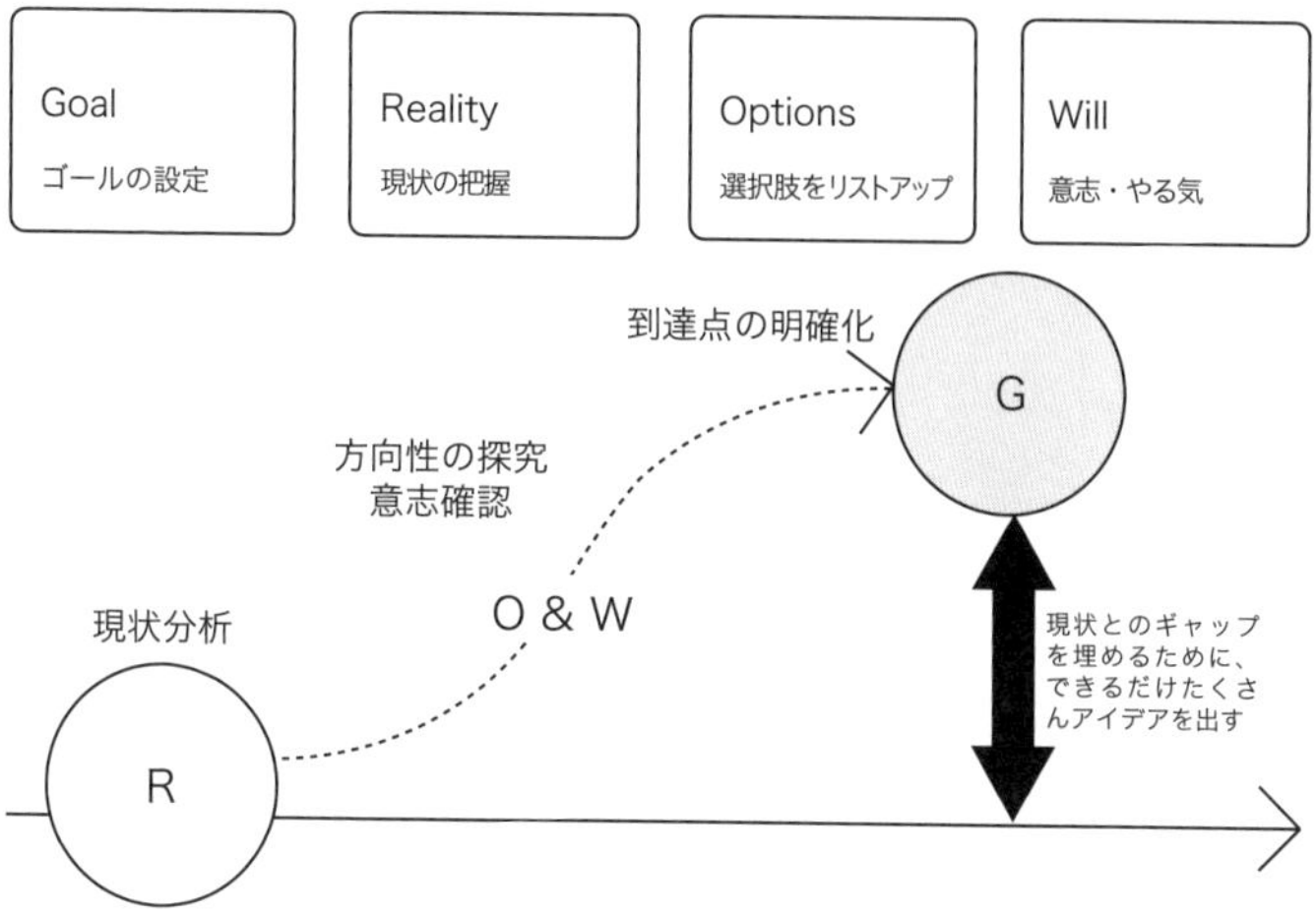

のか、一体何が問題なのかを明確にし、それに向けてどういう課題設定をして、解決していくのか、という流れで対話を展開させます。

実践することで、相手の話を聞きながら整理する「聞き分ける」スキルと、それぞれについて考えさせる「質問フレーズ」が身につきます。

「GROWモデル」4つのフェーズ

実際にどんなふうに対話が展開していくかを知るには、第6章のケーススタディをご覧いただくとして、ここではまずGROWモデルの概要をご説明しておきます。

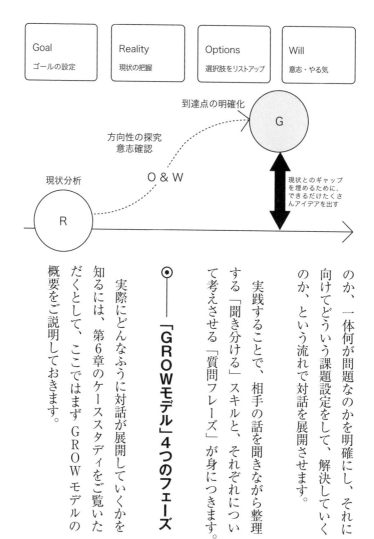

図のように、GROWモデルには「Goal」「Reality」「Options」「Will」の4つのフェーズがあり、だいたい次のような手順で進めていくのが一般的です。

①Goal「理想の未来」を明確にする

まずは、相手の目標や理想像を明確にするところからです。例えば「英語力向上」であれば、**「具体的にどうなりたいのか？」**。「TOEIC900点突破」「今年中に英語プレゼン3回」など、前項KGIのところでご説明したように、明確な数字に落とし込むことがポイントです。

明確なゴールを設定したら、**「なぜそうなりたいのか？」「それを達成するとどんないいことがあるのか？」**を確認します。「ゆくゆくは海外に赴任したいから」「同僚に英語で頼りっぱなしの自分を変えたい」「語学も堪能な、部門一頼もしいリーダーになりたい」など、ゴールイメージをより具体的にしておくことで、モチベーションを維持しやすくなります。

②Reality「現状」を明確にする

目標を設定したら、次はなるべく具体的に現状を聞き出していきます。「今は

TOEIC何点？」「どんな勉強をどれくらいしている？」「今現在、同僚に何をどう頼ってる？」「部門で今はどんな立ち位置？」など、一つひとつ洗い出し、目標や理想とのギャップを明確にしていきます。

③Options「行動の選択肢」をリストアップ

現状を把握したら、次に目標とのギャップを埋めていくための具体的な方法について考えていきます。**「やろうと思っていることは？」「既にやっていることは？」「達成に向けてのアイデアは？」**など、本人からできるだけたくさん引き出すようにします。現実的かどうか、実行可能かどうかなど、こちらの判断を差し挟まず、とにかく自由にアイデアを出してもらうのがポイントです。

④Will 実行への「意志」を確認する

こうして目標達成のための方法を引き出したら、どれを実行に移すかを本人に決めてもらいましょう。「まずやってみたいのは、どれ？」**「これならやれるな、と思えるのは？」**と投げかけて答えを待ちます。

このとき、こちらがいいと思う方法を押し付けないこと。あくまで行動する本人に選ばせることが、実行への覚悟や自主性を育てていくことにつながります。

何をするかを決め、**「いつ」「どこで」「どんなふうに」**と具体的な行動に落とし込んで共有できたら、セッション終了です。

Check できれば最後に「振り返り」の時間を

終了後は、1〜2分でいいので**「やってみてどうだったか」**、振り返りの時間を持つことをお勧めします。**「目標達成できそうか」「実際に行動できそうか」**もしくは、**「こうするともっと話しやすい」**といったフィードバックをもらってもいいと思います。

また、「一度やったらおしまい」ではなく、定期的に実行しているかどうかチェックすることも大事なポイントです。実行できていなければ、そこでもコーチングスイッチオン。**「どうすればうまくいくか」「障害は何か」**を本人に考えさせ、行動を修正していきましょう。

◉――ワークシートに記録して定期コーチング

以上、ＧＲＯＷモデルのコーチングについて、概要をご理解いただけたでしょうか。授業やセミナーでも10〜15分、長めに時間を取って行うワークなので、所要時間が30分前後の定期面談にも導入しやすいと思います。**専用のワークシート**に書いて記録しておくと、長期の目標達成や問題解決などに大いに役立ちます。ぜひ巻末の「ＧＲＯＷモデルワークシート」をご活用ください。

面談では、リーダーとメンバーが同じワークシートを見ながら対話を進めるのがお勧めです。ＧＲＯＷモデルの４つのフェーズ、「ゴール」「現状」「行動選択」「実行意志」のうち、今どれについて話しているのか、お互いにわかった上でやりとりするほうが、スムーズに対話を進めることができます。

ワークシートを事前にメンバーに渡して、ある程度書き込んでおいてもらってもいいでしょう。事前に考えをまとめておけば、コーチングもスムーズに進みます。面談中に新たに出てきた事実や考え、アイデアはその場で書き加えて共有しておけば、次のコーチングでの進捗確認にも使えます。

以上、コーチングを実践するにあたって、何が必要でどんなことを行うのか、ひと通りお伝えしました。次章からはさらに詳しく、コーチングを実践するにあたってのコツ、マインドやスキルなどについてご紹介していきます。

第2章
相手の心を動かすコーチングマインドとは？

1 相手目線のポジショニング「理解者」になる

◎多くのリーダーがぶつかるマインドの壁

目標設定についての知識や、ゴールに向かって戦略的に対話を進めるスキルとツールを身につければ、誰もがメンバーの力を引き出し、チームの成果を最大化するリーダーになれる……と言いたいところではありますが、現実にはいろんな壁にぶつかることが多いものです。

様々なメンバーに対してポジティブな影響力を発揮するには、知識とスキルだけではなく、土台となる「マインド」が重要です。ここからは、コーチングを実践する上で知っておきたい心構え、マインドを整えるために知っておきたいポイントをお伝えします。

まず最初にお伝えしたいのは、相手に対するポジショニング。リーダーとか部長、課長といった役職という意味ではなく、**「相手にとってどんな存在になるか」**という視点です。

◎——正しいことを言っても響かなければ意味ナシ

「注意しても直さないんですよ……」

と管理職研修でおっしゃったのは、毎月部下と面談を行うチームリーダーDさんです。

メンバーに改善点を伝えてもやろうとしない、アドバイスしても実践しない、一体どうしてなんでしょうと嘆く言葉に、周りの方もうなずきます。

自分の言葉が相手に届かない、伝わらないと悩むのは、Dさんのみならず多くのリーダーの共通課題。どんなに正しいことを伝えても、相手に響かなければ意味がありません。

こういうときこそ、相手目線に立って考察し、対策を考えていきましょう。

考察するときのコツは、「相手はなぜ言うことを聞かないのか」と考えるのではなく、**「自分が誰かに指摘されて、従わないのはどんなときか」**という問いに置き換えること。主語を自分に置くことで、立場を越えた思考が働くようになります。

先ほどのDさんを含む受講生に質問すると、「現場を知らない相手に言われたとき」「指示が正しいと思えないとき」と答える方が大多数。確かに、普段現場や自分の仕事についてきちんと見ていない人に的外れなことを言われても、おいそれと従おうとは思いません。たとえその指摘が図星だとしても「素直に従うのは癪《しゃく》に障《さわ》る」という気持ちにもなろうというもの。

上司の指示には従うもんでしょ、と正論を言ったところで意味はありません。また、「いやいや、私は現場をちゃんと見ていますよ」と部下の誤解を解こうとしても同様に無意味です。大切なことは、相手が**「きちんと見てくれている」「わかってくれている」**と思っているかどうか。相手目線で、相手の「理解者」になることが重要なのです。

「理解者になる」って具体的にどういうこと？

「理解者」というポジションのために重要なアプローチが、まずは相手の話を聞くという姿勢です。どんな内容であれ、まずは相手の言い分を否定せず、口を挟まず、しっかり聞き切るリーダーは、相手にとってよき「理解者」です。「自分のことをよく理解してくれている」と相手が思える状態になってからこそ、その後の対話が生まれます。

もちろん、相手の言い分を聞くと言っても、ただひたすら受け身で耳を傾けるということではありません。そもそも「理解」とは物事をキチンと知ること。相手の言い分を理解せぬままに反論も賛成もあり得ませんし、対話もうまく成り立ちません。目指す未来は何なのか、それに対する現状はどうなっているのかなど、相手の意見を引き出しながら聞くことが肝要です。

そして、引き出した内容は、**「○○ということだね」**と自分の理解を示しながら整理します。「そうそう、そうなんです」と相手がうんうんうなずくならばＯＫですが、もしも相手が「いや、そうじゃなくて……」と違和感を示すようなら軌道修正。再度相手に語ってもらい、自分の理解とのズレを修正して再確認を取りましょう。

ここまで聞き切って初めて、こちらからのアドバイスや意見も伝わりやすくなり、相手が自分の言葉に耳を傾けてくれるようになるのです。**「○○さんが言うなら」**と思う、自分にとっての「理解者」が皆さんにも、きっといらっしゃるのではないでしょうか。

理解者になる、とは自分が相手のことを理解したつもりになる、ということではありません。「この人は自分のことをよくわかってくれている」と相手が思える存在になるということです。

相手にきちんと言葉を届けたいなら、相手の意見を聞き切って「理解者」ポジションに立ってから伝えたほうが効果的。たとえネガティブな話でも、愚痴や文句にしか思えなくても、聞き切る価値は必ずあります。

⦿――甘やかすのではありません。「一目置かれる」態度で臨む

「相手の言い分ばっかり聞いてたら、図に乗るんじゃないですか」

聞くばかりでは相手にナメられる。そんなご意見をよくいただきます。「聞く」という態度はどうしても、受け身で下手《したて》に見られがち。だからこそ、ビジネスリーダーに必要なのは単なる受け身の聞き方ではなく、相手の思考を誘導する戦略的な聞く態度です。

「社長はどんなアプローチを好む人なの?」

難攻不落の営業先の社長について、いかに取りつく島がないかを力説していたある日のこと。ふむふむと私の話に耳を傾けてくれていた先輩が、ふとこう質問してきました。

資料を持参したり、プランを提案したり、自分なりに様々な手を使ってアプローチしていたつもりでしたが、相手目線の視点は持っていませんでしたから、とっさに答えも浮かびません。

「……そう言えば、何でしょうね……？」

と考え込む私の話を聞き続け、私の「今度は資料に○○のデータをプラスしてみようと思います！」という新たなアイデアを引き出してくれた先輩は、私にとってよき理解者であり、視点を広げてくれるサポーターであり、ある意味怖い相手でした。愚痴も不満も聞いてくれますが、聞き切った後に必ず聞かれる「で、谷はどうしたいの？」のひと言に、いつも背筋が伸びたものです。

聞き手になり、相手の理解者になるということは、決して相手を現状のまま甘やかすということではありません。

**否定せずに聞くのは、相手にノビノビと考えさせるため。
聞き手に対する不要な反発を押さえ、自分自身の思考に集中させるため。**

愚痴も不満も話させるのは、吐き出すことの効果を知っているからですし、その言葉の裏に本人も気づかぬ改善意識や理想の未来像が潜んでいるからです。

相手に話をさせる目的を見失わず、冷静な態度で聞いていれば、決してナメられることはありません。ビジネスコーチングの目的は、あくまで成果と成長です。チームのゴール達成に向け、リーダーとしての影響力をしっかり磨いていきましょう。

2 「世代の違い」＝「時代の違い」。相手への理解を深めよう

自分と価値観の違うメンバーがいて当たり前

コーチングとは、対話を通じて相手の成長と成果を後押しすること。しかしながら、対する「相手」は多種多様、ひとそれぞれ個性があり、自分との相性も様々です。考え方も価値観もそれぞれ大きく違います。

リーダーたる者、相性のいいメンバーとだけ接するわけにもいきませんし、かと言って合わないメンバーと無理して接するのもツラいもの。せっかくですから、この機会に**「世代の違い」**や**「タイプの違い」**など、様々な違いを理解して、多様性を受け入れる基本の

心構えをしっかり準備しておきましょう。

仕事上の気がかりを聞いてみると、必ず出るのが「年上・年下」など、世代の違う相手に対するお悩みです。特に多いのが、「年の離れた若手」や「年上の部下」対応。若手に対しては、**「何を話題にすればいいのか」「常識が全く通じません」**と戸惑い、再雇用制度や様々な事情で受け持った年上の部下に対しては、**「指摘の仕方が難しい」**など、扱いづらさを感じていることが多いようです。

世代の違い＝時代背景の違い。それぞれに人生の背景が違うわけですから、価値観や考え方、好む話題も違います。世代の違う相手への対応力を上げたいなら、まずは相手の生きてきた時代背景を知ることから。その上で、個人それぞれが持つ人生体験に思いを馳せ、インタビューしてみるのもお勧めです。その際には、巻末の「相手を知るための時代キーワード年表」をぜひ活用してみてください。

いきなり「趣味は何？」「学生時代、何が好きだった？」と聞いたところで、話が弾まぬ相手もいます。キーワード年表は、そんな場合に話題のリストとして役立ちます。世代の違う相手とも、年表を眺めながら対話をすれば、盛り上がること間違いなし。実際、研修でお渡しした年表を会社に持ち帰り、みんなに見せたら世代を超えて盛り上がりました、という方も多くいます。

「ナメネコ！ カード集めてたなぁ……」「スチュワーデス物語？ 親から聞いたことあります！」など、ヒットするキーワードはバラバラですが、「それ何ですか？」とお互いへの質問も弾み、自然と話題が生まれます。特に価値観の形成に大きく影響するのは、思春期の頃。中・高校生や大学生時代と言われていますから、その当時、相手がどんな時代を過ごしたのかを知っておくと人物理解に役立ちます。

◉──お悩み相談は誰にする？「上司よりネット」な今どき事情

また、特に若い世代を理解するには、**情報ツールの変化**も押さえておきたいところ。パソコン・インターネット・携帯電話の登場、ＳＮＳやスマートフォンも今や外せぬキーワードです。これらの変化が私たちにどんな影響を与えているのか、ここで今一度整理しておきましょう。

ビジネスの3つの資源とは、言わずと知れた「ヒト・モノ・カネ」。そこに第4の資源として「情報」が加わったのは、ウィンドウズ95が発売され、**「インターネット元年」**とも言われる1995年頃からでしょうか。それまでの情報入手は、「マスメディア」と言われる新聞、テレビ、ラジオ、雑誌などを通じてであり、その内容もその道の専門家が選択、取材、編集したものでした。

しかし、インターネット元年以降の世界は違います。誰もが情報提供者になることができるようになり、双方向のやりとりが可能になり、新しい情報ビジネスもたくさん生まれました。Yahoo!知恵袋、OKウェブなど、ネットを通じた匿名の相談サイトも登場し、広く多様な意見を求めることもできるようになっています。

わからないことがあったら、会社の上司や先輩に聞くよりも、ネットで調べるほうがずっと気楽。元々の人間関係もありませんから、後腐れもなく、気兼ねすることもありません。

相談サイトをのぞいてみると、職場の人間関係や、書類の作り方、接待の仕方や転職相談まで、多様な相談が目白押し。「相談なしに、突然辞める若手が増えた気がします」と嘆くリーダーにも多く出会いますが、**単に相談相手が変わっただけ**。報連相の「相談」をする先は、もはや身近な上司ではなく、見知らぬ他人なのかもしれません。

「何かあったら言ってくるだろう」は今の若い人には通用しません。「何か困ってることない？」とリーダーのほうから積極的に働きかけていかないと、気がついたときには本人の気持ちがポッキリ折れていた、ということになりかねないのです。

⦿――新人が電話を取れないのにはワケがある⁉

また、インターネットが広まるとほぼ同時、1997年頃から普及拡大したのが**携帯電話**。ひとたび携帯電話を手にすれば、誰かの取り次ぎ不要で本人とつながります。この直後に就職し営業職だった私自身、会社にかかってきていたお客さまからの電話が、どんどん個人携帯にかかってくるようになる。そんな時代の変化を、身をもって体験しました。

今の20代は、早い人だと小学生、中学生や高校生の頃には携帯電話を使い始めていますから、友人同士の会話は常に直通。深夜に友人宅に電話して「何時だと思ってるんだ！」と怒られることも、「ムスメはいません」と彼女の父親に冷たくあしらわれたこともない世代です。**違う世代、見知らぬ相手とコミュニケーションを取る経験を持たぬままに、社会に出る人たちも多い**のです。

「今年の新人が僕のところに来て泣くんですよ」

とおっしゃったのは、カーメンテナンス事業を営む60代の経営者N社長です。数年前から新卒採用を始めたNさんの会社では、毎年数名の新人が入社。ベテラン社員は、会社にかかってきた電話の取り次ぎも新人の仕事だと、当然のように電話を取らせます。

普通の電話なら問題ないのですが、事務所にかかってくる電話は、そのほとんどがクレームか問い合わせ。既に営業担当がついている常連のお客さまは、直接営業マンの携帯に連絡してくることが多いからです。

「お前じゃ話にならん、別のヤツを出せ！」と怒鳴られ、取り次いだ先輩にも「電話対応もできないの？」と怒られ、ショックで落ち込む新人を自室に呼んでは話を聞くというN社長。

「今の子たちは、確かに僕の世代に比べると打たれ弱い。けれどそれを嘆いても始まりません。話を聞いて落ち着かせ、振り返らせてから現場へと再度送り出すコーチングが必要です。経営者仲間は、『今どきの子は使えない』と言うけれど、**相手の現実を見て、きちんと育てる目線が不可欠**なんですよ」

とおっしゃるN社長の言う通り、相手を成長させようと思うなら、相手の現状を嘆くのではなく、スタートラインと捉えた上で、そこからどう育てるのかを考えたほうが生産的です。

相手が育ってきた時代背景を知れば、自ずとその人の特徴や、価値観も見えてきます。それはそのまま、自分自身と相手との違いを理解することにもつながります。

どうにも理解できない相手に出会ったら、まずはその人が生きてきた背景を探るところから。若手にも、ベテランに対しても有効です。困ったときには思い出し、実践してみてくださいね。

3 「ソーシャルスタイル」4つ。多様性への理解を深めよう

メンバーとリーダー。それぞれどのタイプ?

「あんなにハッキリ言わなくていいのに……」
「もっと自分の意見を言ってほしいんだけど」

ハッキリもの言う人もいれば、自分の意見を曖昧にぼかす人もいます。コミュニケーション一つとっても、人によってやり方は様々。そういった違いを知るのに便利なのが、1970年代に社会学者デイビッド・メリルらが提唱した**「ソーシャルスタイル(Social Style)理論」**です。

「ソーシャルスタイル」とは、外から見えるその人の態度を観察して、**4つのタイプ**に分類したもの。自己主張の強弱と、感情表出の強弱の縦横2軸で分類します。

早速4つのタイプをご紹介していきますので、チームのメンバーはどのタイプに近いか、リーダーとしての自分はどうかなど、相手と自分の違いを考えながら読み進めてみてください。巻末に診断表をつけていますので、みんなでチェックしてみるのもお勧めです。

タイプ①黙って俺についてこい「ドライビング」（自己主張：強／感情表出：弱）

生まれついてのリーダー気質。戦略、勝負が大好きで、指示されるのが大嫌い。自分の道は自分で決める。別に褒めてくれなくてもいいよ。

基本的に自分が相手をコントロールしたいドライビングタイプは、指示命令など一方的なコミュニケーションを取りがちです。話をじっくり聞くのは苦手で、ついつい相手の話を遮《さえぎ》ってしまうことも。優柔不断な相手には、「で、一体何を言いたいんだよ？」とイライラすることも多々あります。仕事はやって当たり前、他人に認められなくても平気という方も多く、イチイチ報告を求められるのも嫌いだという人もいらっしゃいます。

相手と意見を戦わせることを恐れず、ハッキリ言うことが多いので、衝突も多めではありますが、上昇志向を発揮して出世していく人も多くいます。仕事は仕事と割り切りたいので、人間関係のもつれなどウェットな話題は好みません。

強み：判断、決断が早い／打たれ強い／自己主張できる／ドライ
弱み：褒めること、相手に合わせることが苦手／怖いと言われる

［ドライビングなメンバーへのアプローチ］

「自分にしかできない」仕事に燃えるドライビング。仕事の意義と目的をきちんと伝えた上で、**すべてを任せる**とやる気を発揮します。報告もこちらから頻繁に確認するのではなく、日時を決めて報告の機会を設定した上で相手に任せると効果的です。ただし、上下関係、責任の所在については、最初にしっかりと伝え、納得させてから任せましょう。

［ドライビングなリーダーのための注意点］

自分の意見が最上と思いがちなドライビングのリーダーが注意すべきは、**「コンサルスイッチオンの罠」**。頭の回転が速く、仕事のデキる人も多いので、ついつい「どうしてこんなこともできないんだ？」と相手のレベルに不満を感じ、一方的な指示になりがち。とは言え、それで問題なくチームが回り、部下も成長しているなら、無理に自分を変える必要はありません。ビジネスは成果重視、人間関係構築もコミュニケーションも、ある意味手段と割り切ることも重要です。

ただし、その強さで知らぬ間にメンバーを傷つけている可能性も否めません。ドライビング傾向の高い商社勤務のS課長。ある日部長に呼び出され、直属の部下から**「パワハラを訴える声」**が上がっていることを伝えられました。

確かに厳しく接してはいましたが、それもチームの成果を思えばこそ。まさか相手がそこまで思い詰めていたとは……とショックを受けたS課長。その日以降、自分の表情や態度にも配慮するようになり、少しずつ部下からの相談も増えてきたと言います。

「部下から相談されないのは、問題がないからだと思っていました。まさか自分が敬遠されていたとは……」と言うS課長。ドライビング傾向の高い方は、自分への評価に無頓着であることも。リーダーとして高みを目指すなら、**「メンバーからのフィードバック」**を得る機会を作ることもお勧めです。前章36ページで紹介した「リーダーの悪癖リスト」に当てはまる項目がないかなど、客観的にセルフチェックする仕組みを作っておきましょう。

タイプ②楽しくいこうよ！「エクスプレッシブ」（自己主張：強／感情表出：強）

仕事も勉強も楽しくなくちゃ！　サプライズが大好きで、なんとかなるさと楽観的。細かいことなんて気にしても無駄。やってみてから考えよう！

おしゃべり好きで、沈黙が苦手なエクスプレッシブタイプは、いろんな場所でムードメーカー。しーんとした沈黙の時間が苦手ですから、いつも口火を切る最初の発言者になるタイプです。会議や勉強会、飲み会も基本盛り上げ役。よく話し、よく笑い、「そこ、うるさいよ！」と怒られてもエへへと笑ってスルーできる、そんな柔軟さを持っています。

ドーン、バババーンといった擬音語・擬態語を多用して、話は結構大げさになりがち。自分の意見を感じたままに口に出す傾向が強く、「根拠は？」と聞かれると、「直感です！」

と自信満々に答えたりします。

強み：楽しい／アイデア出し／行動力／周りを巻き込む／社交的／ノリと勢い
弱み：忘れっぽい／飽きっぽい／ルーティンが苦手／地道な努力

【エクスプレッシブなメンバーへのアプローチ】

周りと一緒に盛り上がりたいエクスプレッシブへの対応のコツは、会話を楽しむこと。**「それで、それで？」「うんうん！」「へェ～!!」**など、大げさな反応を喜び、どんどん話が弾みます。脱線する傾向も強いので、話のテーマを見える化しておくと有効です。細かなやり方を指示され、その通りにやる仕事にはあまり力を発揮しませんから、どこかに「自由さ」を感じさせる指示の出し方が効果的です。

【エクスプレッシブなリーダーのための注意点】

対話自体が苦にならない、社交的なエクスプレッシブが注意したいのは**「対話泥棒」**。最初は聞いていたはずなのに、相手の話に反応して、つい自分の話を始めがちです。話し始めて興に乗ると、とりとめのない長話になる傾向もありますから要注意。本人は「話が盛り上がって良かった」と満足していても、相手は「ちっともこちらの話を聞いてくれない……」と不満を募らせているかもしれません。

加えて、沈黙がツラいので、質問後に待つのが苦手。課題は**「沈黙への対応」**です。相手が答えを考えているゆえの沈黙にもかかわらず、自分が話し始めてしまっては意味がありません。コーチングは相手にしっかり考えさせることが重要です。沈黙も一つのアクション、きちんと相手を観察して、考えているのか、質問の意図がわからず戸惑っているのかを見極めて対応しましょう。

また、思いつきで話すことも多いので、相手の話も自分が言ったことも、覚えておくのが苦手です。コーチングで決めたメンバーの目標も、忘れてしまっては現場でフォローできません。忘れぬように記録するなど、自分なりの**「リマインドの仕組み」**を工夫しておきましょう。

タイプ③みんなのために「エミアブル」（自己主張：弱／感情表出：強）

リーダーなんてガラじゃない。困ってる人はいないかな、期待されてることは何だろう。ありがとう、みんなのためならがんばれる。

いつもニコニコいい人オーラ全開のエミアブルタイプは、周りからのお願いを断れず、ついつい「はい」と引き受けてしまい、仕事は常に手一杯……となりがちな、優柔不断な「いい人」です。困っている人が周りにいると、放っておけずに悩み相談もウェルカム。

自分の意見を押し付けることなく、うんうんうなずく共感上手な聞き上手ですから、話している相手はそれでスッキリ、ストレス解消。それで終わればいいのですが、勝手に「味方だよね？」と思われて、知らない間に人間関係問題に巻き込まれていたりもします。

強み：親切／優しい／気配り／サポート／思いやり／癒し
弱み：決断できない／プレッシャーに弱い／人前で話すこと

【エミアブルなメンバーへのアプローチ】

周囲からどう見られているかを常に気にするエミアブルには、ねぎらいの言葉が効果抜群。仕事を任せたら、「困ったら言って」ではなく、順調かどうか**「どんな感じ？」**とこちらから声かけしましょう。また、ストレートな会話は苦手なので、ストレスやプレッシャーをかけられた状態で意見を求められると、本音ではなく、聞き手が期待している意見を口にする傾向があります。原則、柔らかい態度を心がけましょう。

［エミアブルなリーダーのための注意点］

そもそも自分の意見を押し付けず、人との関係性を大事にするエミアブルは聞くのが得意な聞き上手。相手の話への共感力も高く、話しやすい雰囲気を持っています。しかしながら、ビジネスコーチングで重要なのは共感だけではありません。相手のことを思いやるだけでなく、**「成果目線」**をしっかり持って、ときには厳しいフィードバックをすることも必要です。先にもお伝えした通り、仲良しチームでは困りますから、ＫＧＩとＫＰＩをきちんと設定し、そこに向けての対話を進める仕組みを構築しておきましょう。

お勧めなのは、**「ＧＲＯＷモデルのワークシート」**など、記入しながら進められるツールを用意しておくこと。相手のペースに合わせるのは得意でも、自分がリードしていくことは苦手、という方も多いので、その部分はツールに補完してもらいましょう。前もっていくつか質問リストを用意しておくのもいいのかもしれません。

タイプ④正確第一「アナリティカル」（自己主張：弱／感情表出：弱）

まずは計画、事前準備。自分の専門を大切に、ミスは少なく確実に。いつも通りにきちんとやろう。コツコツと継続してこそ価値がある。

周りから見るといつもマイペース、空気を読まずに淡々と仕事をこなすアナリティカルタイプは職人気質。決められた仕事をきっちりと一つひとつ終えていくことを好みます。人に振り回されることを嫌いますから、一人でできる仕事を選びがち。人によっては何日も、誰ともしゃべらず黙々と作業するのも苦になりません。行動は慎重で、立てた計画は実行する前にとことん検討するタイプです。めどが立つ前に「なんとかなるか」と見切り発車で取り組んだりはしません。

自分の意見を伝えるときも、じっくり考え返答する傾向が高いので、「打てば響く」対応は苦手です。総じて意見は少なめ。ただ、相手の意見を分析して、鋭く現実的な発言をすることもあります。

強み：正確／コツコツ／継続／分析／調査／マイペース／計画／現実主義
弱み：取りかかりが遅め／話が長い／雑談やアイデア出しは苦手

【アナリティカルなメンバーへのアプローチ】

「正確さ」にこだわるアナリティカルには、**具体的な指示を出す**ことを心がけましょう。ギリギリで適当に片付けるような仕事は基本的に苦手なので、急なオーダーや変更を嫌います。また、面談や会議で発言を引き出したければ、事前に議題や質問を伝えましょう。その際の質問はできるだけ具体的に。何を聞かれているのか、どんな意見を求められているのか、そしてその理由は？　といった点が理解できないと意見を言いたがりません。

【アナリティカルなリーダーのための注意点】

元々人と関わることをあまり好まないアナリティカルは、そもそもメンバーとのコミュニケーション不足に陥りがち。ミーティングでもランチタイムでも、朝の挨拶でも構いませんから、**「対話の時間確保」**が課題と心得ておきましょう。計画すれば実行するのは得意な方も多いので、メンバーそれぞれから週に一度は話を聞くと決めて、星取り表のような自己管理ツールを活用するのもいいかもしれません。

また、予想外の出来事が起こることを好みませんから、リスク対応重視のあまり、ついつい管理型のリーダーシップに走りがち。部下に細かな指摘をしすぎて、煙たがられる存在になる可能性もあります。

メンバーの自主性や創造性は、様々な挑戦から生まれるものでもありますから、ときには口出しせず、**「相手に仕事を任せること」**も重要です。自分が押さえておいてほしいポイントや、知らせてほしい出来事などがあれば、任せると同時にしっかり伝えておきましょう。任せる前には、相手がどのように進めようと思っているかを事前コーチング。計画書を共に作る気持ちで、メンバーの意見をしっかり引き出しましょう。

いかがでしょう? 以上4つのタイプを知って、どれもピンと来ないなぁ、もしくはどれも当てはまる、そんな場合は**バランス型**。自分の感情に関係なく、相手や場面に合わせながら、その場で態度を変えていく。そんな傾向があるのではないでしょうか。市役所や県庁、行政の現場担当など、個性を出さずに淡々と物事を処理していく組織の方に非常に多いように思います。

どの傾向が良い、ということではありません。相手はこうだと決めつけて、枠にはめるための理論でもありません。うまくいかない相手に対し、違うタイプの特徴を真似て対応のヒントにすることもできますし、自分の特徴を知ることで、リーダーとして注意すべき点が見えてくるかもしれません。

ソーシャルスタイルは、相手を知り、自分を知るための便利で簡易な分析ツール。個別対応力を上げるためにも、ぜひ活用してみてくださいね。

●多様性を受け入れるには、まずは違いを知ることから

世代、タイプ以外にも、環境や国籍、性別、宗教、文化や障がいの有無など、私たちはそれぞれに様々な違いを抱えています。人はみんな違います。**違うからこそ面白く、違う**

メンバーがチームになるからこそ、創造性溢れるアイデアも生まれてくるというものです。

しかしながら、私たちはともすれば自分の考えに固執して、人の違いを「間違い」だと決めつけてしまいがちです。そうならないために必要なのは、自分とは違う世界に触れ、広い視野を手に入れること。世代の違う相手、タイプの違う相手は格好の学習相手になり得ます。

リーダーが取り組むビジネスコーチングに、多様性への理解は欠かせません。自分の器を広げるつもりで、様々な違いを楽しむ視点を磨いていきましょう。

4 こう考えればうまくいく！ ビジネスコーチング6つのQ&A

「思い通りにいかない」そんなときは

「なんだかうまくいかないなぁ……」

コーチングへの理解を深めても、いざやり始めるといろいろな壁にぶつかります。これまでとは違うことに取り組んでいるわけですから、悩みや疑問が生じて当たり前。ですがそこで停滞していては、継続実践へのやる気も下がり、成果もなかなか感じられません。ここからは、コーチングを始めて間もないリーダーが抱きがちな「６つの悩み」とその対応についてお伝えします。

お悩み①「メンバーのほうが優秀。下手に口を出さないほうが……」

「チームの仕事もわからないのに、コーチングなんてできませんよ」

新しい部署に異動したばかりのリーダーFさん、自分よりも仕事をよく知っているメンバーへのコーチングは無理だと思うとおっしゃいます。Fさんと同じく、「指導者・育成者は、相手よりも優秀であるべきだ」という思い込みを、多くの方はお持ちのようです。

良い選手が必ずしも良いコーチ、名監督になれるとは限らない、という事実を見てもわかる通り、**コーチングをする上で、必ずしも相手より優秀である必要はありません。**加えて言えば、相手の仕事や環境について精通している必要もありません。

そもそもコーチングとは、相手に話をさせ考えさせて、自ら答えを導き出せるようにサポートする対話力。考えるのは相手ですし、行動するのも相手です。例えばFさんのようにメンバーのほうがベテランだったり、優秀だったりする場合こそ、コーチングが有効です。

チームが目指すべき方向性、ゴールを指し示すのはリーダーの役割です。しかし、現場や顧客をより深く知っているのは、メンバーであり、実際にゴールに向けて行動していくのもメンバーです。

新しい部署に異動した、転職した、ベテラン社員が部下になったなど、**自分よりメンバーのほうが仕事をよく知っている状況になったときこそコーチングのチャンス**。メンバーとの面談を設定するのが自然な成り行きでしょうから、このときにしっかり相手に話をさせて、チームに関する情報収集も合わせてやってしまいましょう。

そして、その際のコーチングでもお勧めなのは、GROWモデルの活用です。

まずは目指すゴールをどう理解しているのかの共有を図ること（Goal）。そして、現状どうなっているのか、仕事を進める上での障害は何か、不安や不満など困っていることはないかを聞き（Reality）、問題を整理します。その上で、どのようなアクションを起こしていけばいいのか（Options）を、相手に考えさせることが重要です。

「こうすればいいんじゃないか」「例えばこんな手が打てる」といったリーダーが持っている意見も「Options」。やってほしいこととして、あくまで選択肢の一つとして加えます。

もしもメンバーに「やらせたい」行動があれば、コーチングではなく「指示」として出しましょう。ただし、メンバーが「はい」と素直に受け取らなければ、コーチングの出番です。

私たちは人に「やれ」と言われても、本人が「やるべき」と思わなければ行動しません。新リーダーの指示に対し、「仕事を知らないくせに」と反発するメンバーの気持ちも想像に難くありませんから、ここで目指すは「理解者」ポジション。リーダー着任早々に、しっかりポジショニングを確保しておきましょう。

↓目指すのは、名選手ではなく名コーチ。着任早々からスイッチオン

お悩み②「自分の意見を通したい。対話でうまく話を運べばOK？」

「こっちに持っていきたいのに、どうもうまくいかなくて……」

コーチング＝引き出すコミュニケーション、ということでやりがちなのが、ある答えを言わせようとする**「誘導尋問型コーチング」**。誘導尋問という時点で既にコーチングとは言えませんが、私も含め多くの方がハマりがちな失敗です。

「お前は、オレに何を言わせたいんや」

そう言って静かな怒りを露わにしたのは、整体院を営むK先生です。有言実行を絵に描いたような人物で、コーチングで約束したことは、必ず実行。確実に患者を増やし、順調に経営を軌道に乗せつつあったある日のこと。「これを販売しようと思うんだ」と見せてくれたのが1瓶1万５０００円のサプリメントでした。

1回3500円の整体で、1万5000円のサプリメントを扱う……?

聞いた途端に「やめたほうがいい」と思った私。「やっぱりやめる」と言わせたくて、そのための質問を考え考え、投げかけました。

「そのサプリを先生に勧められると、患者さんはどう思うんでしょうね?」

「サプリを扱うことによる、デメリットって何だと思います?」

真面目に答えながらも、段々顔が曇ってきたK先生。しばしの沈黙の後、口にしたのが先の台詞です。「すみません」と謝罪しながら「正直、怪しい商品だと思ったので扱わないでほしくて……」と伝える私に、**「そうだと思った。それなら最初からハッキリ言えよ」**と叱ってくれたK先生は、「こちらが用意した答え」に誘導する愚かさを教えてくれた恩人です。

K先生にとって、サプリを扱うというアクションは、未来に向けての一つの選択肢にすぎません。やるかやらないかを決めるのは本人ですし、「やってみたい」と思ったが最後、「やってみないと納得できない」という方も多いのではないかと思います。そういう相手に対して必要なのは、冷静に客観的に、取り組みの効果や課題、計画をきちんと考えさせるコーチング。「目指すゴールは何だっけ?」「それに対する現状は?」「その取り組みは、未来に向けてどんな効果を生み出すの?」「期待値は?」「気がかりは?」「進捗管理はどう進める?」など、GROWモデルやSMARTを活用し、相手のより良い決断をサポートします。

こちらが言わせたい「答え」を引き出すのは誘導尋問。**相手の「思考」を誘導し、広く、深く考えさせるのがコーチング**です。最終的にどんな判断を下すかは相手次第ではありますが、その選択肢も含め、様々な視点で考えるサポートに徹するのが、コーチングのポイントなのです。

→「誘導尋問」はNG。意見があるなら率直に伝えよう

お悩み③「部下の気づきを待っていたら、仕事が回りません」

「コーチングって、教えちゃダメなんですよね?」

コーチングをお伝えする現場で必ずと言っていいほどお伺いするのがこの質問。ビジネスの現場では、もちろん教えることも重要です。**相手から引き出すのが「コーチング」**だとするならば、**必要な知識や情報を教え込むのが「ティーチング」**。スピード感を持ってメンバーの成長を促したいなら、どちらも両方うまくやることが必要です。

私自身が起業してすぐのこと。四国の製造系中小企業S社からこんな依頼をいただきました。

「うちの大阪営業所の売上、なんとかして」

たまたま出会った経営者との初めましてのご挨拶で、とんでもない宿題をいただいた当時の私。つい勢いで「はい」と受けてきたものの、何をどうすればいいのかさっぱりわかりません。どうしようと困った挙げ句、相談したのが、コーチングを共に学んだ先輩であり、その当時、私のコーチでもあったAさんです。

「かくかくしかじかで何か提案しないといけないんですが、どうしたらいいんでしょう?」と聞く私に、Aさんはニッコリ笑顔で「どうしたらいいと思う?」と質問返し。思わず**「今はコーチングは要りません!」**と叫び返してしまいました。

結局いろいろ教えてもらい、無事に提案。1年間の営業スタッフへの個人コーチングと営業ミーティングを実施した結果、対昨年比売上高で150%になったのです。

Aさんから教えてもらったのは、顧客へのヒアリングリストや、提案書の作り方、プログラムの組み方など、提案のための基礎知識。どこから手をつけていいやら途方に暮れていた私にとって、これらは大きなヒントになりました。

しかしながら、たとえAさんに教えてもらっても、結局提案するのは私自身。提案内容への質問対応や、受注した後の実施もすべて、やるのは私。Aさんではありません。だからこそ、**ティーチングの後にはコーチング。**教えた上で考えさせる、コーチングとのセット対応が効くのです。

ビジネスはスピード優先。相手がまだ答えを持っていないこと、例えば仕事の基礎知識や、業界ならではの業務知識は**教えるべきこと**、先人がこれまで築き上げてきた知恵は、きちんとメンバーに教えましょう。その上で、それを知ってどう思うか、疑問点は何か、今後に向けてどう活用するかなど、本人の行動に関する意見は、**引き出すべきこと**。しっかり問いかけ考えさせれば、新しい知識の定着も促せます。

コーチングかティーチングか。どっちが良い悪いの二極論はナンセンスです。相手と状況に合わせ、その両方を組み合わせることで、効率よくメンバーを成長させていきましょう。

→教えることも大事です。二極論に惑わされないで

お悩み④「メンバーのデキの悪さに仰天! まさかここまでヒドイとは……」

「お前、そんなことも知らなかったのか……?」

メンバーの話を聞いていると、思いも寄らぬ知識不足、能力不足な現実に直面させられることがあります。まさか客先でそんなこと言ってないよな？と頭を抱える発言や、常識を疑う考え方を聞いて、腹が立つやら、ため息が出るやら。「知りたくなかった……」と、リーダーとして落ち込む気持ちは否定しませんが、メンバーの未熟さに気づけたことは幸いと、ここは前向きに捉えましょう。

気づけた事実は、もしかすると氷山の一角かもしれません。**相手の現状を把握して今後に向けて育成すべく、しっかりコーチングすることがお勧め**です。そしてそのとき、大切なのは聞く態度。「……そんなことも知らずに仕事してたの？」「それじゃ全然ダメだよ……」とダメ出しモードで聞いていては、相手もすべてを語れません。

イラ立つ気持ちを落ち着けて、ここでもGROWモデルのコーチング。目指してほしい人材像と、それに対する現状とのギャップを冷静に、メンバーと共に明確にしていきましょう。相手の現実が明らかになってこそ、育成計画も立てられるというもの。また、客先クレームやオーダーミスなど、失敗したメンバーへの対応も同様です。

「谷くん、どうやって見積りしてるのか教えてくれ」

と部長のNさんに聞かれたのは、見積りミスを何度か繰り返した建材営業職のとき。

実際に図面を広げ、「こうやって、ああやって……」といつもの見積り手順を説明。叱るでもなく、馬鹿にするでもなく、淡々と聞いてくれたNさんのお陰で、失敗続きで怒られる……、と萎縮していた私も段々と冷静になれました。自分のやり方を理解してもらった上での「ここはＯＫ」「ここはこうしたほうがいい」「この図面はこうチェックして」という指導は、すんなりと頭に入って理解できたことを覚えています。

失敗したこと自体は既に過去。過去の出来事は変えられませんが、そこから学ぶことはいくらでもできます。メンバーがやってしまった、チームに起こってしまったネガティブな出来事を、未来に向けてポジティブに変えるために必要なもの。それこそが、リーダーが常に備えているべき前向きなマインドセット。**メンバーの未熟さも失敗も、成長に変えていけるという確信**です。

メンバーのデキに凹んだら、まずはわかって良かったとポジティブ変換。本人の言い分を聞いた上で、対策を考えていきましょう。

↓期待しすぎにご用心。人材育成は長期目線で

お悩み⑤「コーチング、大事だとは思うけど……。自分には向いてません」

「……やっても全然反応がないんですよね」

コーチングを導入するにあたって注意が一つ。**過度な期待は禁物**です。例えば質問したからにはテンポ良く、期待に沿った答えがほしい、私たちはついついそう思いがち。しかしながら実際には、ガックリ落ち込むレベルの低い答えが返ってくることも多いものです。

もしかしたら「……」と、気まずい沈黙が続くかもしれません。もしもそんな事態になったら、視点を変えて「部下の現状、今のレベルがわかって良かった」とプラスに考えることをお勧めします。先述した私の事例のように「ティーチング」が必要な場合もありますし、そもそも相手は質問されることに慣れていないのかもしれません。

もしもこれまでメンバーが、「指示待ち」体制で仕事をしてきたとしたら、突然のリーダーの問いかけにフリーズするのは当たり前。メンバーをそんな状態で放置していては、とても「自律型人材育成」は期待できないわけですから、現状がわかっただけでも上々です。**「期待通りの答えが返ってこなくて当たり前」**と、どっしり構えて相手の意見を聞いてみましょう。

人材育成は長期戦。質問や相談の度に「あなたの意見は？」、仕事にかかる前に「目指す成果は？」と問いかけ続けるリーダーの対応は、必ずやメンバーの成長を引き出します。メンバーも段々とリーダーに合わせ、自分なりの答えを用意して臨むようになります。

面談や普段の会話、そして会議やミーティング。コーチングはスキルですから、練習したらその分だけ、必ず段々上達します。しかしながら、当然最初はうまくいきません。いつもと違う態度を見せれば「何かあったんですか？」と聞かれ、「ニコニコしてて気持ち悪い」と避けられて、「向いてません……」とおっしゃる方もたくさんいます。

私自身、コーチングを学び始めた最初の頃、「でもね」「それは違う」と、人の話を遮って自分の話をしたくなる衝動を抑えるのに苦労したのを覚えています。同時に、言いたいことがあるのに、「うんうん」と聞く自分を「うそ臭い」とイヤになっちゃったことも。

しかし、そう思いながらも実践し続けたことで、身についたコーチングスキルが、周囲との人間関係に大きな変化をもたらしてくれました。「我ながらうそ臭い」と思うことが減っていったのは、自分が話す言葉や態度に段々と自分の気持ちが追いついていったからかもしれません。**在《あ》りたい姿をまずは「演じる」**、そんなやり方もアリなんだと今では心から思います。

楽器やスポーツ、営業活動や資料作りなど、最初は苦労したけれど今は難なくできるようになっていることが、きっと皆さんにもありませんか？うまくいかないなぁと思ったら、やり方を見直せばいいだけ。そのヒントは、この本にたくさん散りばめ、ご紹介していま す。「やってみよう」と思えたことから一つでも、ぜひ実践していきましょう。

↓うまくいかなくて当たり前。伸びしろアリと捉えよう

お悩み⑥「生意気な部下。どうしても育てる気になれません」

「こんなヤツのために、なぜそこまでしなきゃならないんだ?」

メンバーの成長を手助けするといっても、リーダーだって人間です。苦手なメンバー、相性の悪いメンバー、あまり態度のよろしくない不良メンバーを抱えている方も多くいます。
「育成もリーダーの大切な仕事」と頭ではわかっていても、こちらからアクションを起こす気がしない。意を決して対話を始めてみても、気づけば相手の言葉や態度にイライラ。
さらには、そんなことにいちいち振り回される自分の器の小ささにもウンザリ……ということもあるかもしれません。

落ち込む必要はありません。リーダーだって人間、聖人君子ではないのですから、うまくいかない相手がいて当たり前です。大切なのは、一時のネガティブな感情で相手を責めたり、これまでの自分の努力を投げ出してしまわないこと。

腐らず、諦めず、着実にコーチングスキルを高めていくために大切なのが、実践プランです。特にコーチングターゲットを決める際、お勧めなのは、**最初はできるだけ普段から話せている相手、スクスク成長しそうな相手を選ぶこと。**

私たちはともすれば、その問題意識から、対応に苦慮している相手をターゲットに選びがち。ですが前項で述べた通り、最初はうまくいかないのが当然です。上達してもいないのに、難しいターゲットに慣れない対応を取ってみても、成功確率は上がりません。

「でも、そういう困った相手こそ、早くなんとかしたいんだけど……」そんなお声もよくいただきますが、人材育成は長期戦。自分のスキルを磨き、対応力を上げていくのが近道です。

スキルアップトレーニングのコツは、小さな成功体験を積み上げること。飲み会でのインタビューや、面談での実践など、やりやすい相手から徐々に始めて、まずは自分のレベルを上げることに集中しましょう。

そのためには、いっそのこと社内コーチング宣言をするのも一つの手です。ついつい三日坊主になりがちな（私のような）方は、ぜひ今期の目標に「コーチングスキルアップ」や「部下育成のスピードアップ」を設定し、上司や周囲に宣言することで、背水の陣を敷くことをお勧めします。

「尊敬はできないけれど、尊重はできる、ということがわかりました」

そうおっしゃったのは、コーチングセミナーへの参加をきっかけに、苦手な大先輩Yさんとの対話を試みたIさんです。話が長く、うんちくにこだわるYさんは、職場の誰もが敬遠する存在。メンバーたちに「よくやるね……」と呆れられながらも、**「これも自分のコーチングスキルを磨くための一貫」**と、Yさんと数回に渡る対話を試みたIさん。結果的に周囲が気づいていないYさんの良いところを発見し、今よりもっとチームに貢献してもらえる仕組みを整えることができたのだと言います。

ネガティブな感情に押し流されそうなときこそ、自分のコーチングスイッチをオンにしてくれる「しかけ」があると重宝します。「うまくいった！」と報告する機会や仲間の存在が、継続を後押ししてくれます。「社内コーチング宣言」「自主勉強会」「セミナー参加」など、自分に合ったやり方でコーチング実践のやる気を維持しましょう。

継続は力なり。自分の対応力が上がれば、自然と周りのメンバーのレベルも上がり始めます。うまくいかず、イライラやモヤモヤを感じる最初の短い期間を乗り越えて、多様な相手に対応できる対話力を、今こそ身につけてください。

→リーダーだって人間。無理せずやりやすい人からコツコツ

5 いつでも、どこでも！ リーダーのためのコーチングスキル

コーチングスイッチオン！ 5つのタイミング

「コーチングする機会がないんですよ」

と言われる度に、またまたそんなウソばっかり！ とツッコミを入れること数えきれず。「コーチングは特別なときにするもの」「決まった相手にするもの」と思ってらっしゃる方の多さに、もったいないなぁと思います。

誰かと対話する機会があれば、コーチングはいつでもどこでも実践可能。朝の出社時、

仕事をしながら、ランチタイムや会議の時間。決まった時間に行う対話や、突然始まるちょっとしたおしゃべりなど、私たちの日常は、コーチングのチャンスに溢れています。

日々のほんの短いやりとりが、相手との良い関係作りにつながりますし、「場数」を踏めば踏むだけ、スキルアップも期待できます。ここからは職場でのシーン別「コーチングスイッチオン」5つのタイミングについてお伝えします。

①普段使いのコーチング「質問された・相談されたとき」

「今回の案件、どう進めましょう」
「先日のお客さま、どう対応したらいいんでしょうか」

リーダーともなれば、メンバーから毎日様々な質問や相談を受けるはず。質問されたら答えるもんだと、もしや反射的に対応してはいませんか? 答えるばかりを繰り返していては、自律型人材は育ちません。質問や相談には、答える前にひと呼吸。育成のチャンスと考えて、相手にもう少し話をさせる＝考えさせることに挑戦しましょう。

挑戦と言っても至極簡単。質問されたら「あなたはどう思ってるの？」、自分の意見を伝えたら「どう思う？」。こんな小さな**「質問」**と、出てきた意見をまずは否定せずに**「聞く態度」**、この2つを忘れず実践してみましょう。

と、こんなふうにお伝えすると、「質問に質問で返す上司って、イヤなんだよね……」と思う方もいらっしゃるでしょうか。相手が答えを急いで求めているときは、もちろんこの限りではありません。クレーム対応や緊急時など、スピード優先のときは、やはり迅速対応優先です。大事なのは、普段から相手に話をさせ考えさせる機会を逃さないこと。

私たちは誰かに意見を求めるとき、ぼんやりとした自分なりの意見を大抵の場合持っています。「たぶんこう進めたらいいとは思うんだけど、一応聞いておこう」。こういう状態の相手に必要なのが、まさにコーチング的対応。相手に話をさせることで、ぼんやり曖昧な意見を言語化させ、より良い意見にブラッシュアップする機会が生まれます。

相手の思考力を鍛えることにもつながりますし、「自分で考え行動する」能動的なアクションにもつながります。相談されたら、まずは聞く。自分の意見はその後で。順番を間違えず、しっかり意識して実践していきましょう。

②普段使いのコーチング「部下が仕事に取り組む前」

「今日はどんなストーリーでいくんだ？」

毎日部下にそう聞くんです。とおっしゃったのは、セールス部門のリーダーAさんです。部下がお客さまとの打ち合わせに行くとき、営業に出かける前、必ずそう問いかけて考えさせてから「がんばれ！」と送り出すんだと話してくれました。

これぞ普段使いのコーチング。**メンバーが何か仕事に取り組む前にかけるこのひと言**が、その後の仕事の精度や生産性を高めます。

「今日の打ち合わせ、ゴールは何？」「今回の提案、どんな反応が返ってくると思ってる？」「今日の見込みは？」など、リーダーからの様々な質問は、メンバーが惰性で仕事をすることを自然に防いでくれます。

メンバーに行動する前に考える習慣を身につけさせる、小さな問いかけ。所要時間はほんの数分。立ち話で十分です。成果と育成につながるプチコーチング、ぜひ取り入れてくださいね。

③普段使いのコーチング「メンバーインタビュー」

皆さんはメンバーのことを、どのくらい知っていますか？

仕事のこと、プライベートのこと、将来の夢や最近の悩みなど。相手のことを理解するためのキーワードはたくさんありますが、そう言われてみるとよく知らないなぁ……とおっしゃるリーダーもたくさんいます。

だからこそ、ときどきやっていただきたいのが、メンバーへのインタビュー。実施するときのイメージは、ラジオやテレビでゲストの話を「ふむふむ」と聞く、盛り上げ上手なインタビュアーです。

インタビューですから、自分の話は少しだけ。もちろん双方話してもよいのですが、せっかくですから、できるだけ相手に話してもらいましょう。相手と自分の話の割合は、例えば**「相手が5：自分も5」だとしゃべりすぎ**。せめて7：3、できるなら8：2、9：1と数値目標を設定するのもお勧めです。ダラダラやるのがツラいなら、例えばランチタイムはインタビュータイム、車に乗ったらドライブインタビューと、時間を区切れるタイミングを「インタビュータイム」と決めておくのも良い手だと思います。

もちろんメンバーとの飲み会も、インタビューの大チャンス。

「飲みに行っても、どうせ上司の自慢話ばっかりでしょ？」
「段々説教ジミてくるからイヤなんですよ……」

とは、若手ビジネスパーソンから聞く職場の飲み会への不満や愚痴。もちろん、そういうネガティブな本人の考え方にも問題がないわけではありません。が、話題はリーダーの話したいことばかり。勢いメンバーは聞き手に回り、聞きたくもない話を延々ひたすら聞かされる……。そんな時間しか体験していないとしたら、「行きたくない」「時間の無駄」と考える彼らの意見にも一理あります。

「確かに」と思うなら、次の飲み会はぜひメンバーに主役の座を譲りましょう。そして、どうせやるなら一歩進んで**「自慢話インタビュー」**をやってみるのがお勧めです。自慢話インタビューとは、そのままズバリ、相手に「自慢」をさせること。

世の中一般的には、自慢話は嫌われます。しかしながら言い換えれば、自慢＝本人にとっては「誇らしい話」です。過去の成功体験だったり、大好きな趣味の話だったり。スポーツの話題や、学生時代のこと、仕事の成功体験や、がんばった話など、いろいろ話題を振ってみます。相手が話し出したらシメタもの。インタビュアーになりきって、メンバーへの理解をしっかり深めるチャンスです。

「飲みに誘っても来ないんですよね……」と愚痴っていても仕方ありません。飲み会＝楽しい場だとメンバーが思える時間にしていきましょう。

④複数相手のコーチング「会議やミーティング」

「普段は話すのに、会議やミーティングでは発言しないんですよ……」

とは、多くのリーダーから聞くお悩みです。もしも皆さんも同じ悩みをお持ちであれば、ここでもコーチング実践のチャンスです。なぜならば、会議やミーティングなどで意見が出ない大きな理由は「聞き手の不在」。発言者の意見に反応する、肯定的な態度を示すメンバーがいないからです。そして、発言したが最後、「じゃあやってね」と言ったモン負けになる可能性があるからです。

複数のメンバーが集まって、何かを議論する場で重要なのは、意見を発散させる「引き出す」フェーズと、結論を出す「まとめる」フェーズを区別すること。コーチングの聞くスキルは、特に**「引き出す」フェーズ**で威力を発揮します。

引き出すフェーズでは、結論を急がずとにかく意見を聞く。そう決めて、一対一の対話と同じく、表情・態度を意識して相手の話をしっかり聞きます。引き出すのが目的ですから、**ネガティブ意見とポジティブ意見、どちらも平等に扱うのがコツ**。反論したくなると、つい無反応になりがちですから、「意見を言ってくれてありがとう」という感謝の気持ちを伝えるつもりでうなずきましょう。

また、こちらの聞く態度が伝わると、いろんな意見が出てきますから、**ホワイトボードを使って見える化する**のもお勧めです。メンバーにその場で話をさせ考えさせることで、思考の整理を促しますが、口から出てくる言葉は揮発性。すぐに消えてしまいます。一対一のコーチングでも、相手のためにメモを書き、見える化するテクニックは有効ですから、ミーティングや会議での発言メモは、そのままコーチング実践練習にもつながります。

メンバーから意見を引き出すことを意識すれば、いつもの会議やミーティングも、今日からはコーチング実践の場です。自分の態度が場に与える影響力を意識して、日々トレーニングしていきましょう。

⑤特別な対話としての「面談」

目標管理制度の期初・中間・期末面談やキャリア面談、人事評価の面談まで、私たちの仕事現場では、多くの一対一面談が行われています。面談はもちろん「コーチングスイッチオン！」の格好のタイミング。ですが、そもそも面談することの意義とは何でしょうか。

「チームでは言いにくい話ができる」「立ち止まって考える時間になる」「仕事に対する意識向上」などいろんな意見がありますが、ひと言で言えば、**面談は特別インタビュー**。せっかくですから、普段とは違う対話をする時間として、メリハリをつけ有意義に進めたいものです。

いつもは目先の仕事の話ばかりなら、今期の目標についての進捗確認や課題共有の時間として。業務目標に関して話せているなら、仕事以外の話や将来の夢、目標について聞く時間にするのもいいかもしれません。

大事なことは、どんな時間にするかの「目的意識」です。面談終了後、メンバーがどんな状態になっていればよいのか。考えさせたいテーマは何か、共有したいことは何なのか、メンバーの現状に応じて、面談前にはきちんとゴールセッティング。まずは**「どんな時間にしたいか」「それはどんな意義を生むか」**と自分に問うところから始めましょう。

そして、できるだけたくさん**「本人に話をさせる」**ことが重要です。面談は、単なる進捗確認や、アドバイスするためだけの時間ではありません。聞くこと＝話をさせる＝考えさせることにつながります。いつもはつい疎《おろそ》かになりがちな長期的な視野や、広い視点で物事を考える良い機会を作るのが面談なのです。

しかしながらその実態を伺うと、「ついつい説教タイムになっちゃって……」「話が全く盛り上がりません」など、どうもうまく進められているのは少数派。うまくいかないという方が多数いらっしゃるようです。

中でも一番多いのが、「自分のほうが話してしまう」というご意見です。「沈黙が苦手」「つい……」などなど、いろんな意見が返ってきますが、話してしまう、ということは、イコール「聞けない状態」になっているということ。せっかくの特別な時間を「ついつい」無駄にしないために、次章以降を参考にして、聞くスキルをしっかり磨いておきましょう。

また、もしも「相手が話してくれない」ならば、果たして自分の考えは伝わっているか、日頃のコミュニケーションから見直すことも必要かもしれません。どんな考えを持っているかわからない相手に自分の意見を伝えるには、少なからず勇気がいります。しかも相手が自分の評価を握っている上司ともなれば、できれば不要なことは言わないでおこう……という気持ちが働くのも無理はありません。

だからこそ、重要なのは日頃からの身近なコーチング実践。日常を通じ、**「リーダー＝聞く人」「メンバー＝話す人」**の関係性をしっかり作っておきましょう。

第３章
まずは基本の「聞く」スキル

1 相手に考えさせ話をさせるために

「聞き出す」「聞き切る」「聞き分ける」の3つ

コーチングへの理解が深まり、マインドについても確認できたら、いよいよコーチングのスキルアップ。「聞くスキル」「質問するスキル」「伝えるスキル」の3点セットを身につけて、メンバーとチームをどんどん活性化していきましょう。

まず始めにお伝えするのは「聞くスキル」。コーチング＝引き出すコミュニケーションですから、すべての土台はこのスキルです。相手の話を聞くことができれば、基本はOKと言ってしまっても過言ではありません。

「そうなの？　聞くくらいなら普通にできるよ」

と思ってくださったなら幸いです。相手の話を聞く機会を意識的に作るだけでも、コーチングの効果アリ。そもそも誰かにとっての聞き手になるということは、誰かの「話す機会」を生み出しているということ。特に何も意識しなくても、「話す効果」は生まれています。

例えばメンバーに作業手順について教えるとき。例えば顧客に商品説明をするとき。私たちは人に教えれば教えるだけ、話せば話すだけ、話の内容が洗練され、より理解が深まっていきます。話し手として場数を踏むには、聞いてくれる相手が必要ですし、学生時代、テスト勉強を教える側に回ったほうが、理解が深まったという経験をお持ちの方も多いのではないでしょうか。私たちは誰でも、**「聞く」という行為を通じて相手に影響を与えているのです。**

しかしながら、なんとなく聞くだけでは、その効果は限定的。相手から成長と成果をしっかり引き出そうと思うなら、いつも通りの「聞く」スキルから、数歩進んだ「聴く」スキルを身につけてレベルアップを目指しましょう。自然と音や声が耳に入ってくる状態を指す「聞く」に対し、「聴く」とは注意深く、相手の言葉に進んで耳を傾けること。受け身ではなく、能動的です。

コーチングで言う「聞くスキル」とは、もちろん後者の「聴くスキル」。ここまでお伝えしてきたコーチングマインドをベースに、しっかり相手に関心を向け、集中して話を聞きます。そして、聞くポイントは大きく3つ、「聞き出す」「聞き切る」「聞き分ける」こと。ここからは、それぞれの具体的なやり方をお伝えします。

◎──話しやすさはどう作る？　自分の「見え方」を意識しよう

コーチングは、相手に話をさせることの効果を使った育成法。相手が話しやすいと感じる、「聞き出す力」が必要です。ポイントは、いかに相手に自由にポジティブに、かつ自主的に話をさせるか。深く広く、視野を広げて考えさせたいわけですから、相手を萎縮させていては始まりません。

「こんなに仏頂面だとは思いませんでした……」

とおっしゃったのは、自分の聞く態度をビデオチェックしたT課長です。メンバーからのリーダー評価で「怖い」「話しにくい」と指摘され、そんなことないのに……と内心イヤな気分を味わっていたというT課長。ビデオを見て、「確かにこれじゃあ話しにくいですね」と苦笑い。その日から、自分の態度と表情改善に挑戦し、研修の最終日には、「すごく雰囲気が柔らかくなりましたよ！」と他の受講生に言われるほどになりました。

元々どちらかと言えばコワモテで、がっしり体型なT課長。一対一の対話でも迫力たっぷり、表情も変えずに相手の目を見据えて真剣に話を聞いていました。

本人にしてみれば、真剣に聞こうと思うからこそグッと力が入るわけですが、話している側には、そんな気持ちは伝わりません。笑顔もなく、じっと自分を見つめるT課長を前に、話しづらさは増すばかり。下手なことを言ったら怒られそうな気がする、とフィードバックを受けていました。

もちろん、そんなT課長が、別人のようにいつもニコニコ柔和な人に変身したというわけではありません。変わったのはほんの少し、相手の話に合わせた反応の仕方です。

相手の話に合わせてうなずくこと。ときどき笑顔を意識すること。そして、途中で口を挟まず、最後まで聞き切ることを意識して実践した結果、迫力ある印象はそのままに「話しやすさ」が加わりました。単なる「仕事がデキる怖い人」から、**「仕事がデキて怖いけど、話してみると話しやすい人」**への転身です。

2 「聞き出す」スキル

この「7つ道具」でたちまち聞き上手になれる!

話しやすさを作るのは、もちろん笑顔ばかりではありません。相手の話に合わせてうなずいたり、ときには一緒に沈黙したり。もちつきの合いの手や、音楽の手拍子のように、相手の話に合わせた聞き手の反応が、相手の話をより深く引き出すのです。

そして、相手の話に反応を返す大切さを理解したら、今度はやっぱり実践です。聞き上手がやっている代表的なポイントを7つ、しっかり押さえておきましょう。

①ポジション

一対一の対話では、どこに座るかも重要なポイント。顔を上げると必ず目が合う真っ正面のポジションは、できれば避けたいところです。2人で入ったカフェや居酒屋でテーブルに案内され、なんだか気まずく話しづらい……というを体験をしたことのある方も多いのではないでしょうか。

話しやすさを作るなら、できれば机に向かって同じ方向に座る「カウンター型」、机のコーナーを使った「コーナー型」など、お互いが前を向いても目が合わない、けれども一つの書類やノートを一緒に見ることができる、そんなポジションを取りましょう。

もちろん、座る距離感も重要です。特に、相手にぴったりくっついても大丈夫、というフレンドリーな強みを持つ方は要注意。気づかぬうちに、相手に近づきすぎてしまい、「近すぎる……」とストレスを与えていることも。相手がリラックスしているかどうか、きちんと様子を確認しましょう。

②アイコンタクト

「目を見て話せ」とは言いますが、聞く側があまり見つめすぎるのも考えもの。アイコンタクトのポイントは、相手の様子に合わせたバランスです。こちらをじっと見つめる人にはしっかりと、あまり目を合わせたがらない人には、逆に少なめにピンポイントで取ると効果的です。

ときどきひたすら見つめ続ける「凝視系」の方もいらっしゃいますが、話し手から見ると「睨《にら》んでいる」と映ることも。相手があまり目を合わせてこないのは、もしかすると自分が見つめすぎているからかもしれません。

また、目は口ほどにモノを言う、とは昔から言われることですが、全くもってその通り。目を細める、見開くなど、目にも表情はありますから、相手の話に合わせて反応しながら聞きましょう。

③うなずき

態度で見せるうなずきは、相手の話のリズムに合わせて、首を縦に振るのが基本です。合いの手ですから、テンポ良く、あくまで相手に合わせるのが基本。早すぎたり遅すぎたり、ペースの合わないうなずきは、相手の話の腰を折り、話す気持ちも萎《な》えさせる。そんな原因にもなり得ます。

そしてうなずくときに使うのは、目や口、首と身体全部。使えるものはすべて使って、反応豊かに相手の話を盛り上げましょう。深さやスピードの違いはもちろん、回数も大事な要素です。一回一回深くゆっくりうなずいたり、浅く何度もうなずいたり。真っすぐ前を向いた状態から、下へさげるだけでなく、一旦アゴを上げてから、深くうなずいたりもします。また、口角をキュッと上げ、微笑むだけでも安心感が伝わります。

「本で読んでも、なんかピンと来ないんだよなぁ……」もしもそう思うなら、お手本になる人を見つけて真似してみてはいかがでしょう。なんだかとても話しやすい、気づくと本音を話してしまう、そんな身近な聞き上手がきっと周りにいるはずです。明石家さんまさん、阿川佐和子さんなど、テレビの中の聞き上手な方の態度を参考にしてみるのもお勧めです。

④相づち

何を言っても「はい」「はい」「はい」。同じ言葉で単調に返される相づちは、話し手からしてみれば、反応があってないようなもの。「ほんとにちゃんと聞いてるのかな」と不安な気分にさせてしまいます。「うん」「なるほど！」「へえ!!」「そうなんだ……」など、いろんな言葉を使い、声の大きさやトーンも変えて、こちらの気持ちも伝えましょう。

また、口グセにも要注意。「谷さんて、必ず『でもさ』って返しますよね」と指摘して、気づかせてくれたのは建材商社営業職時代の後輩Tくんです。「ええ？ そんなことないよ」と否定した直後の会話で「でもさ」と口にする自分に気づき、「本当だ！」とようやく自覚して反省。

口グセは、自分ではなかなか気づきづらいもの。周りの意見を聞いてみる、普段の会話を録音し、自分自身でチェックしてみるなど、口グセをチェックする機会を定期的に持つのもお勧めです。

⑤話を促す

面談や、前章でご紹介したメンバーインタビューなど、相手にたくさん話してほしいときには、話を促す小さな声かけを挟むと効果的。特に普段あまり自分からは話さない口数の少ない相手の話を聞くときにお勧めです。

「それでそれで?」「それからどうなったの?」などの小さな質問や、「スゴい!」「その話面白いね!」といったポジティブな反応で、「あなたの話をもっと聞きたい」という気持ちを伝えましょう。

「自分ばかり話してしまっていいのかな」「この話、続けて大丈夫だろうか」と話しながらも不安を抱えている話し手にとって、もっと聞きたいという聞き手のメッセージは、大きな安心感を生み出しますし、相手個人への関心も伝わります。最後に「いろいろ話が聞けて良かった」「ありがとう」とねぎらいの言葉をかけることも忘れずに。

⑥オウム返し

「うまくいきましたね」「あの提案が良かったよな」
「納期厳しいですね……」「何とかするしかないだろう」

と、相手の言葉に反応して自分の意見を伝える前に、加えていただきたいのがオウム返し。

「うまくいきましたね」**「うまくいったな」**
「納期厳しいですね……」**「厳しいな……」**

こんなふうに、相手の言葉を一旦しっかり受けとめてから、次の言葉に進みます。特に、すぐに自分の意見を言ってしまう、コンサルスイッチの入りやすい方にこそ、取り組んでいただきたい聞き方です。

ポイントは、相手の言葉をそのまま繰り返して伝えること。「そうだね」といつも同じ言葉で返すよりも、よりしっかりと相手の言葉を受け取ったことが伝わります。同じ言葉を使うことで、その場の一体感も生まれます。

また、相手がネガティブな発言をしたときにも、まずは一旦受け取ることが大切です。

「みんな言うこと聞いてくれないし、私にはリーダーなんて無理です」

女性リーダー研修の懇親会で、そう泣き言を言い出したのは、今期から女性リーダーとして任命されたMさんです。周りに座るメンバーは、「そんなことないよ」「Mさんなら大丈夫」と一生懸命励ましモード。不満そうに黙り込むMさんに、**「無理だと思ってるんだね」**と声をかけると、**「そうなんです……!」**と日頃の悩みを語り始めました。

「最近仕事がうまくいかなくて……」「若い頃はそういうモンだよ」

「この仕事、向いてないいんじゃないかと思うんです」「慣れてないいだけだって」

など、落ち込んでいる相手への励ましは、優しさゆえの言葉かもしれません。ですが、それでは状況は変わりません。こういう場合に必要なのは、相手が抱えている不安の解消と、改めて前に進む行動への後押しです。まずは大きな問題になる前に話が聞けて良かったとポジティブに考えることが大切です。

オウム返しの後には「どうしてそう思うのか聞かせてよ」と促して、気持ちの整理と今後の対策を考えさせるコーチングにつなげていきましょう。

⑦ペーシング

話しやすさを作るのは、もちろん言葉だけではありません。態度や表情、身振り手振りのボディランゲージ、声のトーンやスピード、言葉使いから、服装、髪型、持ち物やその場の環境に至るまで、様々な要素が混じり合って、その場の雰囲気を作ります

相手にとって話しやすい雰囲気を作ろうと思うなら、それらの要素を相手に合わせるペーシングが効果的。ゆっくりしゃべる相手にはゆっくりとした反応を、テンポ良く話す相

手には、こちらもテンポを合わせると一体感が生まれます。

「もっとガツガツ来る人かと思ってました……」とおっしゃったのは、企業からの依頼で個別面談したスタッフHさん。普段の私は早口&テンション高めで身振り手振りも多いタイプ。よく動き、よく反応する典型的なエクスプレッシブタイプです。対するHさんは穏やかで、あまり自分の話をしたがらない大人しい方。最初は話しにくいなと思っていたそうですが、2人だとスゴく話しやすかった、と感想を伝えてくれました。

もちろん、私が別人に変身したわけではありませんし、大きく態度を変えたわけではありません。うなずく早さを調整したり、前章でお伝えしたタイプに合わせた態度を取ったり。ちょっとした聞き方の工夫が、Hさんの話しやすさに影響したのだと思います。

コーチングに限らず、対話は相手と共に生み出すセッションです。自分のペースだけを優先していても、良い時間は生まれません。伴奏者になったつもりで、ペーシング。相手がついつい話したくなる聞き上手を目指して取り組みましょう。

3 「聞き切る」スキル

⊙——途中で口を挟まない。「。」が付くまで聞き切ろう

「聞き切る」とは、そのままズバリ、相手の話を最後まで聞くこと。途中で口を挟んだり、「こういうことだよね」と話を勝手にまとめたりしないということです。シンプルではありますが、「わかっちゃいるけど」なかなか実践できないという方も多いのもコレ。自分が聞けなくなる理由を知り、対策を立てておきましょう

①こんな「思い込み」が焦りやイライラの元

私たちは誰でも、様々な「思い込み」を少なからず持っています。例えば、

・相談されたら、なるべく早く良い答えを出さなければならない
・リーダーたるものメンバーよりも優秀でなければならない
・自分のほうが相手よりもよくわかっているはずだ

良い答えを出さなければ、と思うとコンサルスイッチが入りますし、早く答えを出そうとするあまり、相手の話を聞く時間がもったいないとイライラしがち。自分のほうが優秀であるべき、と思っている方は、自分が理解できない話に対し、焦りや拒否反応を起こすことも。

「○○すべき」と思う気持ちは、自分を律し行動を促す良い面と、それに反する考え方や行動を受け入れにくくするという残念な面も持っています。対処するには、そもそも自分がどんな思い込みを持っているかを理解するところから。「相手の話を今日も遮っちゃったなぁ……」と思ったら、できない自分を反省するのではなく、その理由を振り返って、自分が持つ「思い込み」を明らかにするチャンスと考えましょう。

②関心が持てなくても「聞く」のが仕事です

「地元の祭り？ そんなに必死にならなくても……」
「フェイスブックはやってないから」

話題によっては興味を持てず、聞く気になれないときもあります。自分が興味を持てない話を延々聞くのもツラいもの。仲良しグループを目指したいわけではありませんから、聞かなくていいやと割り切ってしまうのも、もちろんアリだと思います。

ただし、話す相手がメンバーではなく、お客さまだとどうでしょう。もしくは自分の上司や協力関係を結びたい相手であれば、自分が興味を持てない話題でも耳を傾けられるのではないでしょうか。

相手の話を聞けなくなるのは、結局のところ話題に対する興味の有無というよりも、**相**

手その人への関心の有無です。リーダーにとってメンバーとは、協働関係を結び合い、ゴールに向けて共に進むパートナー。

例えば職場の人間関係、メンバーの家族の状況や大事にしている趣味の話など、メンバーがリーダーに知っておいてほしいと思う話に耳を傾けることも重要です。**「何か私に話しておきたいことってない？」**と水を向けてみましょう。終わりが見えないと集中力も持ちませんから、面談やランチタイムなど、エンドが決まっている時間を使って聞くのがコツ。

「他人に関心を持てなくて……」と思うなら、相手の価値観や相手が話したい話題を「聞く」のは、あくまで相互理解のための手段だと理解して、時間を決めて取り組みましょう。

③忙しいからこそ！リーダー主導で「攻めの聞き方」

「そもそも相手の話を聞く時間がない」

そうおっしゃる方もたくさんいます。確かに日々忙しいリーダーにとって、相手のための時間を取るのは至難の業。「ちょっといいですか」と始まる突然の部下との会話は、忙しいリーダーにとってストレスの元です。とは言え「タイミングを考えてくれよ」と嘆いても、なかなか相手には伝わりません。相談されても聞くゆとりがなく、「そのほうが早いから」と、指示出しばかりでなかなか部下が育たない……。

そんな不毛な状態から抜け出したいなら、報連相を待つのではなく、自分のペースで取りにいく、攻めの聞き方にシフトしましょう。

例えば**「毎朝15分、相談はこの時間に」**とルールを決めてみんなに周知しておくのもお勧めです。この時間は「聞く時間」と決めて取り組めば、自分の予定も立てやすくなります。

コーチングはそもそも受け身ではなく、相手に積極的に関わる能動的な取り組みです。相手から話しかけられる機会を減らし、自らが動くことで、主体的に関わっていきましょう。

4

「聞き分ける」スキル

◎──込み入った話も「フレームワーク」でスッキリ

聞くスキルの3つのポイント、最後の一つは「聞き分ける」です。聞き分ける、とは聞いて「違い」を区別すること。相手の話を要素に分類し、わかりやすく整理することです。しかしながら、そもそもどんな要素があるのかを知っておかねば、違いに気づくことも区別することもできません。

先ほど紹介したGROWモデルやビジネスで使うフレームワークなどを参考に、どんな要素があるかを理解しておきましょう。

①根拠・意見

「今日も忙しかったね」「お客さま、喜んでくださってました！」

これらの言葉はどちらも「意見」。そう感じる原因や理由、出来事など、「根拠」は必ずあるはずです。しかしながら、それが一体何なのか、話し手も明確に自覚していない場合が多いもの。**相手の話を「意見」だなと思ったら、そう考える根拠もしっかり引き出しましょう。**リーダーに聞かれることで、意見と根拠をセットで話す習慣が身につけば、ロジカルな思考力も自然と磨かれていきます。

また、たとえ同じ出来事であっても、人によって見方や意見は違います。「会議の準備OKです」というメンバーに「ありがとう。何を準備したか教えてくれる」などと確認すれば、「それも必要なんですか？」といった本人の思い込みで生じる問題も回避できます。

②評価者目線・当事者目線

コーチングは、相手の行動を引き出し成果を生み出す対話ですから、大切なのは、本人の「当事者意識」。物事に対し、良い悪いと語るだけの評価者になってもらっては困ります。

メンバーの意識がどちら寄りかを聞き分けるには、**相手が使う言葉の「主語」に注目。**

「うちの職場は雰囲気暗いんですよね」「この計画じゃダメですよ」「Aさんは現場をわかってないんです」など、**評価者目線になっている人の話の主語は、大抵の場合「他人」や「モノ・コト」**。こういった話をひたすら聞いていても、当事者意識は生まれません。こんなときこそ、自分事《じぶんごと》として考えさせるコーチングが有効です。評価者目線か、当事者目線か、メンバーのスタンスをしっかり聞き分けて対応しましょう。

③対義語で考える

対義語とは、ネガティブ&ポジティブ、売り手&買い手など、対《つい》になる視点を表した言葉のこと。これも便利なフレームです。**相手の話が停滞したり、同じところでグルグル回っていたりするときには、話の内容の対になる視点へ**と思考を誘導します。

「できていること・できていないこと」「うまくいったこと・うまくいっていないこと」「得意・苦手」「強み・弱み」「自分目線・相手目線」「抽象・具体」「理想・現実」など、常に両面から考えることで、広い視野も磨かれます。対義語は数限りなくありますから、使いやすいセットをいくつか自分のモノにしておくと便利ですし、相手の話と反対の視点を常に持つ習慣を身につけておきましょう。

④5W1H

作文や新聞記事作成の要素としてまとめられた5W1Hも、ぜひ取り入れたいフレームワーク。**「When（いつ）」「Who（誰が）」「Where（どこで）」「What（何を）」「Why（どんな目的で）」「How（どのように）」**からなる6要素です。メンバーから報告を受けるとき、今後の計画を聞く際など、様々なシーンで使えます。これに**「Whom（誰に）」「How much（いくら）」**を加えた6W2Hなど、使いやすいものを活用しましょう。

⑤GROWモデル

コーチングに取り組むなら、まず最初に押さえておくべきは「GROWモデルの4要素」。相手の話を聞きながら、**「理想の未来（Goal）」「現状（Reality）」「行動の選択肢（Options）」「意志（Will）」**をそれぞれ引き出します。

私たちの話は行ったり来たりしがちですから、今相手が何を話しているのか、確認しながら進めることも大切です。GROWモデルのワークシートを用意して、それぞれの項目にメモを取りながら進めるのもお勧め。話していない項目が目に見えて明らかになるので、話し手が自分でヌケに気づき、会話も自然に進みやすくなります。

第1章でご紹介したように、「理想の未来（Goal）」は具体的に魅力的なイメージが描けるまで、「現状（Reality）」は事実ベースの情報を、「行動の選択肢（Options）」はできるだけたくさんの項目を引き出すことを意識してみましょう。

なお、他にも聞き分けるために使えるフレームワークはまだまだたくさん存在します。

SWOT分析の「強み・弱み・機会・脅威」や「外部要因・内部要因」、**3C分析**の「自社（Company）・他社（Competitor）・顧客（Customer）」、**経営のための5つの資源**「ヒト・モノ・カネ・情報・ソーシャルキャピタル（社会関係性資本。人間関係や雰囲気など目には見えないが重要な要素）」も便利なフレームワークです。

活用のポイントは、普段から記憶しておくこと。「話している最中に思い出すのは難しい」という方は、書き込めるワークシートを作成するのもお勧めです。フレームワークを複数まとめておいて、いつでも使えるように手帳に挟んでおく、スマホに画像登録しておくなど、気軽に使えるツールとして手元に準備しておくのも良い手だと思います。

5 書いて視覚に訴える。「コーチングノート」のススメ

◎──「見える化」してメンバーの思考を促そう

そして、聞くスキルをもっと進めて相手への影響力を上げようと思うなら、ノートを使った「見える化」にも取り組んでみましょう。

部下と上司の対話では、ノートを取るのは部下の役目。もしかすると、そんな不文律があるでしょうか。もしもそうなら、ぜひメンバーとの対話には、リーダーが書く「コーチングノート」をプラスしてみてください。

メンバーの話を「見える化」するコーチングノートは、相手の視覚に訴える影響力の高いコミュニケーション手法です。**自分の話した言葉がリーダーの手によって文字になり、目から入ってくる外部刺激となって、メンバーの中で新たな思考が働き始めます。**自分の言葉の曖昧さや、言葉足らずな現状にも気づきます。

相手を刺激し、思考を整理するためのコーチングノートは、記録に残して後で参照するためのものではないので、キレイに整えて書く必要はありません。また、何が相手の思考を刺激するかはわからないので、書く内容を吟味する必要もありません。相手の話を聞きながら、普段自分がメモを取るように、まずは書き始めてみるのがコツです。

そう言われても、何を書けばいいかピンと来ないという場合は、先にもご紹介したフレームワーク。ノートの真ん中にGROWモデルの図や、「意見」と「根拠」というフレームを事前に描き、事前に用意した上で、相手の話を分類しながら書いていきましょう。自分が使いやすいフレームワークをワークシートとして準備して、相手が話す内容に合わせて使い分けるのもお勧めです。

また、相手の話によく出てくる口グセや頻出ワードを書き留めるのもお勧め。具体的にどう書くのかを、Mさんへのコーチングの例でお見せしましょう。

◎――金融機関地方支店企画調査課Mさんへのコーチング

地元のビジネスセミナーで出会ったMさんは、20代後半の若手ビジネスパーソン。金融機関の地方支店の企画調査課所属です。経済や企業の動向を調査すると共に、地元企業のお悩み相談窓口としての業務にも従事しています。

「どちらかと言うと、お悩み相談的なお仕事が多いです。自治体さま相手とか、企業さま相手とか。お悩み相談ですから、結構いつも受け身なんですよね。

ただ、これからの時代は、やっぱり自分たちで仕事を作っていかないといけないと思っていて、このままでいいのかなと悩んだり……。少人数のチームで正直ゆとりもないので、どうやって受けたことをこなしながら、新しいことにつながるような感じで仕事を作っていけばいいのかな、難しいなぁと、日々思っています」

と話すMさんの頻出ワードは「仕事」です。ふむふむ話を聞きながら、出てくる言葉を書きつけつつ、関連するものをつないだり、よく出てくる言葉を強調したり。そうすることで相手の思考が見える化され、段々整理されていきます。

また、「受け身」と話すMさんの言葉に矢印を書いて「対義語」で考えることを促したり、「新しいこと」という曖昧な言葉に「？」を書くことで、具体的にすることを促したり。口頭で質問するだけでなく、書いて見せることで、よりわかりやすく相手の思考を広げ、深めることもカンタンにできるようになります。

他にも、売上や顧客件数など、数字について話すときは、目標に対する進捗を簡単なグラフで書くとイメージしやすくなります。また、アイデアを広げるときや、問題点をリストアップしていくときも、一つずつ箇条書きにすればいくつあるのかわかるようになり、優先順位もつけやすく、扱いやすくなっていきます。

こんなふうに、相手の思考を刺激して整理する「コーチングノート」は、**相手に見せな**

図3-1 Mさんへのコーチングノート作成例

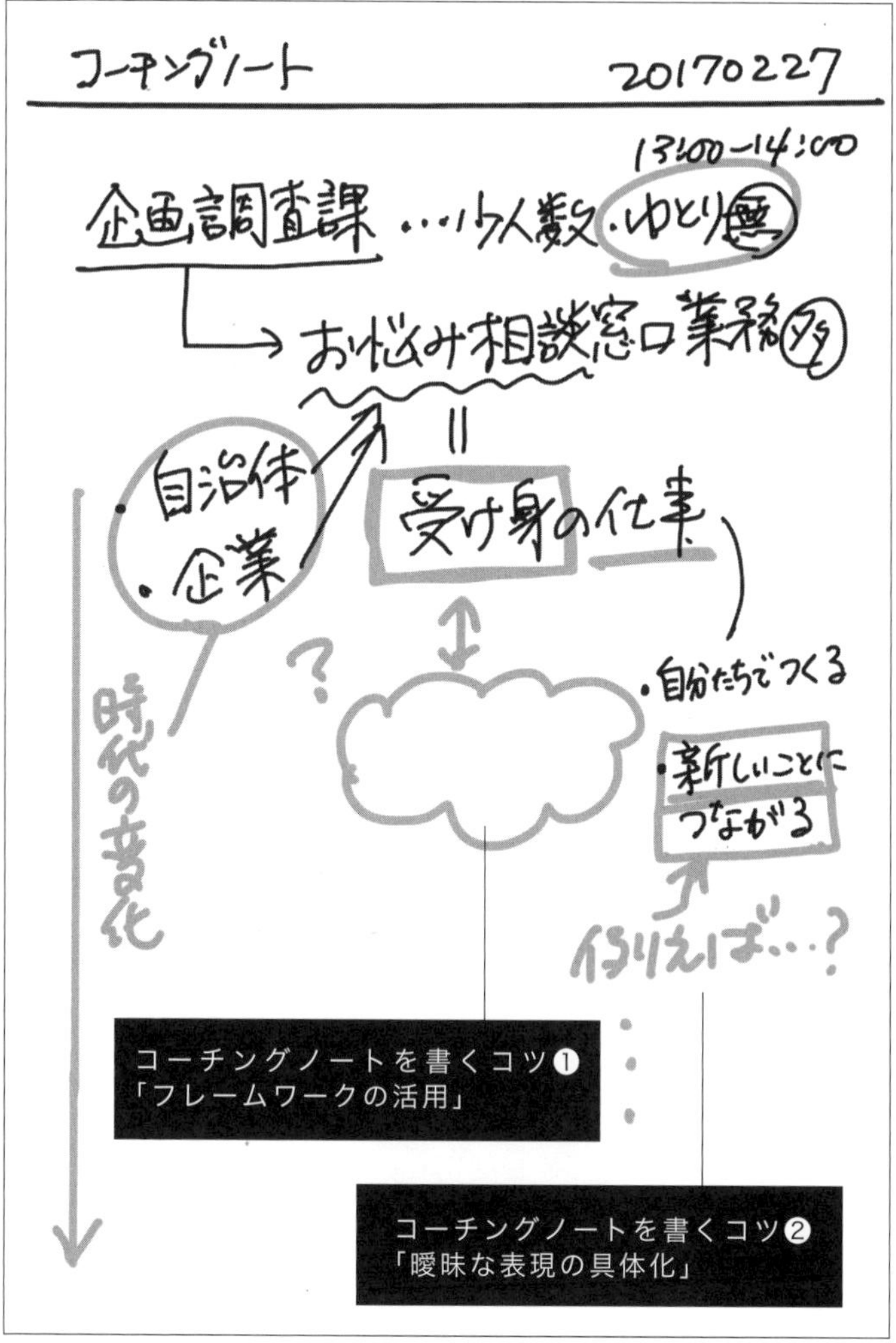

がら書くのがポイント。自分だけが見ていても、相手への影響力は発揮できません。

特に、チームで働くメンバーにとって、リーダーが取るメモは「閻魔《えんま》帳」になりがち。一体何が書かれているのか気になって、話に集中できなくなっては本末転倒です。見せることでメンバーも安心しますし、書かれる内容が自分の意図と違っていれば、「そうではなくて……」と修正することで、お互いの理解を揃えることにもつながります。

一つのノートを見ながらの対話は、メンバーとの一体感を生み出し、同じ方向を向いている、一緒に考えてくれているという安心感も生み出します。

聞き出し、聞き切り、聞き分ける「聞くスキル」と、「コーチングノート」をうまく使って、メンバーの可能性を自在に引き出していきましょう。

第４章
気づきを促す「質問」のスキル

1 コーチングと言えば質問。ポイントは5つ

相手に考えさせ、気づきを促すために

コーチングの土台となる「聞くスキル」を整えたら、お次はいよいよ「質問のスキル」。「難しい」「うまくいかない」とおっしゃる方も多いのですが、誤解しがちなポイントを知り、使えるフレーズを増やせば、容易にレベルアップできるスキルです。

自分へのコーチング、いわゆるセルフコーチングにも応用できる質問力、まずは基本のポイントを5つ、お伝えします。

①質問するのは「自分のため」でなく「相手のため」

説明を聞きたい、情報がほしい。いろんな「知りたい」のために、私たちは相手に質問を投げかけます。まず押さえておきたいのは、こういった**「情報収集型質問」**と、**「コーチング質問」**との違いです。

「情報収集型質問」とは、自分のための質問です。考えてみると、私たちが普段誰かにする質問は、そのほとんどが自分のため。相手に説明を求め、何かを知るための「情報収集型質問」です。

例えば、部下が何らかのトラブルを起こしたとき。できるだけ迅速に処理するためには、リーダーが介入して解決に乗り出さねばならぬこともあるでしょう。そんなときのリーダーはコンサルスイッチオンの状態。投げかける質問も、情報収集目的が多くなります。

部下の側も、自らの身に起きたことを説明するわけですから、失敗に萎縮してしどろもどろになることはあるとしても、事実関係の報告がほとんど。じっくり考えたり、気づいたりする効果はあまりありません。

対して**「コーチング質問」とは、相手に考えさせ、気づきを促す「相手のための質問」**です。

「問題は何だと思う?」
「これからどうなっていきたいの?」

私たちは質問されると考えます。考えた結果を言葉にして、相手に伝えようとします。伝えようとして言葉にならず、わかっていない自分に気づく。そんな気づきも起こります。

「質問されたことについて考える」「話す機会を手に入れる」「思い出す」「新しい視点を得る」「発想が広がる」「アイデアが生まれる」「思い込みに気づく」「無知の知を得る」など、質問されることによって生まれる効果は様々。

「コーチング質問」とは、これら質問の効果を使い、相手に働きかける問いのこと。相手が自分でより良く考えられるようにするためのサポートです。

緊急時は別として、事態の収束後や普段の仕事では、できるだけ相手にしっかり考えさせ、気づきや行動を引き出したいもの。**質問＝思考のスイッチ**と意識して、メンバーに気づきを促す「相手のための質問力」をしっかり磨いていきましょう。

②気づきはあくまで「相手の中」にある

そして次に、引き出したい「気づき」についても、きちんと整理しておきましょう。

「気づいてもらおうと思って、いろいろ質問するんですが……」

「自分のやり方が問題なんだと、どうすれば気づいてくれるんでしょうね」

コーチングを学び、実践するリーダーからこんな嘆きをよく聞きます。「相手の気づきを引き出そう」という姿勢と実践は大賛成。だからこそ、**「コーチング質問」のつもりで「誘導尋問」になっていないか**を今一度確認いただきたいと思うのです。

(訪問件数が少ないから売上が伸びないってことに気づいてくれよ……)

「問題は何だと思う?」

(来年は課長を目指すべきだとわかってるよね?)

「これからどうなっていきたいの?」

こんなふうに、相手に言わせたい答えを持って問いかける質問は「誘導尋問」。第2章104ページの私のケース「整体のK先生」でもお伝えした通り、大抵うまくいきません。

「私は訪問件数が少ないことが問題だと思うんだ。その件についてどう思う?」

「来年は課長を目指してほしいと思っているんだが、君自身はどう思ってる?」

言いたいことがあるのなら、本人に言わせるのではなくスパッと伝えてしまいましょう。
その上で、反論も含め、相手の言い分を語らせるコーチングに移行するのがお勧めです。
「こっちの意見を言っちゃうと、萎縮して何も言わなくなるんですよ」という自己主張が苦手なメンバーには、第2章86ページでご紹介した「ソーシャルスタイル」を参考に別のアプローチを考えるのも重要です。

「売上が伸びていない件について、問題は何かを一緒に考えよう」
「課長を目指してほしいと思ってるんだが、気がかりや不安があればぜひ聞かせてほしい」

自己主張が弱めの相手、例えばエミアブル傾向のメンバーに有効なのは、「一緒に」というアプローチ。もしも相手が長考型のアナリティカルなら、「来週の面談で聞かせて」と予告しておくのも良い手です。

質問は相手のためのもの。そしてまた、相手の「思考」を誘導し、気づきを引き出すためのもの。この2つさえ押さえておけば、自分が知りたい情報を引き出す「情報収集」や、言わせたい答えを引き出す「誘導尋問」にはなりません。どうもうまくいかない……とコーチング実践の壁にぶつかったら、情報収集・誘導尋問になっていないか、基本に立ち返ってチェックしてみましょう。

③質問の前に「相づち」。まずは相手の話を受けとめてから

相手に話をさせ考えさせるコーチングは、話し手にとって、結構疲れるもの。しかも、矢継ぎ早に質問されて、「なんだか責められている気分になりました……」と言う方もいらっしゃいます。

「先月は大きな新規案件が決まりました」「どんな案件だい?」

「業界大手で長期のプロジェクトです」「どうやって取ったの?」

相手の話をもしもこんなふうに聞いているなら、質問の前に相づちを挟んでください。

「先月は大きな新規案件が決まりました」「**そうか。**どんな案件だい？」
「業界大手で長期のプロジェクトです」「**なるほど。**どうやって取ったの？」

相手の話を聞いたら、まずは相づち・うなずきで、きちんと反応を返します。ほんの小さなひと言ですが、あるとないでは大違い。「部下との会話が盛り上がりません」、とおっしゃる方の会話を拝聴していると、相づちを打たずに質問で返していることが多いのです。

また、できればもう一歩進めて、相手の気持ちに応える言葉を返すようにすると、より会話が弾みます。

「先月は大きな新規案件が決まりました」「**そうか、やったな！**どんな案件だい？」
「業界大手で長期のプロジェクトです」「**なるほど、いいねぇ。**どうやって取ったの？」

「いいね」「やるな！」「面白い」「さすが」など、相づちとして使えるポジティブな言葉をたくさん使って、相手の話をどんどん盛り上げ引き出していきましょう。

④質問はシンプルに。「一度に一つ」と心得よう

「他には？」「じゃあ、5つぐらい挙げてみて」「今は？」「どのぐらい？」「例えば？」「すぐできそう？」「A？ B？ どっち？」。

例えば数分間のコーチングで、実際に私が使う質問はこの程度。シンプルな問いかけですが、相手に考えさせるにはこれで十分機能します。

・どうしたい？
・原因は何だろう？
・現状どうなってる？
・考えられる問題は？
・心配していることは何？
・このまま進むとどうなる？

・目指すべきゴールは？
・そもそも、この目的は何かな？

など、プロコーチが使う定番質問フレーズは、どれも**シンプル&パワフル**です。私たちは、一度にいろんなことを聞かれても、すぐには処理しきれません。相手に良質な思考の時間を与えるために、質問はシンプルに、かつ一度に一つだけ、と意識しましょう。

⑤質問したらお静かに。「沈黙のスキル」を磨く

「御社の課題って何ですか？　例えば、既存のお客さまとの関係とか、新規顧客開拓に悩まれているとか……。あ、社員教育にお悩みの企業さまも多いですね。例えば、他のところでよく伺うのは……」

と、質問に加えて、ひたすら情報提供をしてらっしゃる方、非常によくお見かけします。しかしながら、これでは話し手が自分の思考と向き合うことはできません。

「沈黙が苦手です」とおっしゃる方も多いのですが、コーチングは、話し手が考え、自分で答えを生み出す創造的な対話です。自分の中から答えを出そうと思うと、じっと自分と向き合って、静かに考え込んでしまうもの。聞き手が沈黙に耐えきれず、ここで声をかけてしまっては、まさに本末転倒です。

「うーーーん……」と話し手が考え込み出したら、それは**相手が深くしっかり自分の答えを探そうとがんばっているサイン**です。相手に気づきや成長を生む、より深い質問ができたということでもあります。

ときに質問の意図がわからず、戸惑っているがゆえの沈黙もありますが、そんな場合も「質問の意味は伝わってる?」と確認し、必要に応じて補足するに留めましょう。

良質な意見は、良質な思考から。そのためには静かな時間が必要です。コーチングでも「沈黙は金」と心得て、沈黙のスキルもあわせて磨いてくださいね。

2 とっさに使える「シンプルフレーズ」をストック

深める広げる便利フレーズ3つ

質問の基本をしっかり押さえたら、ここからはいよいよ実践です。

レベルアップを望むなら、まずは**「フレーズを持つこと」「フレームワークを使うこと」**そして最後に**「質問を作ること」**。この3つの順番で進めるのが効果的です。

いきなり自分流で質問を作って投げかけようとしても、なかなかうまくいきません。どんな会話でも使える万能質問をまずは押さえておきましょう。まずは質問力レベルアップのための最初の一歩、使えるフレーズを3つ、お伝えします。

フレーズ①「具体的に言うと？」

前章「聞くスキル」のうち、「『聞き分ける』スキル」①根拠と意見（153ページ）でご紹介したように、問題や課題、現状や目標をぼんやりと曖昧に捉えたまま、意見を口にする人も多いもの。このフレーズは、曖昧な「意見」をそのままにせず、きちんと「根拠」を考えさせるためにとても有効な質問です。

例えばメンバーが、「この商品、お客さまのニーズに合ってないと思うんですよね」と口にしたとき。

「商品がニーズに合っていない」ことを問題だと本人が思っているなら、それはぜひ議論すべき、とても大切なテーマです。しかし、得てしてこういう台詞は「ただの愚痴」。このまま終わらせたり、「そんなこと言っても始まらないだろう」と説教したりしたところで、全く意味がありません。

そういうときこそ、このフレーズを使って、こんなふうに聞いてみましょう。

「なるほど。もう少し具体的に聞かせてくれる？」

メンバーの愚痴にも近い言葉こそ、「具体的には？」と切り返す。そうすることで、何が問題なのかを意識させ、考えさせて改善思考を引き出すことにつながります。

お客さまのニーズは何か、そのニーズをどうやってつかんだのかなど、具体的にすべき点はいくらでもありますから、「根拠が曖昧だな」と思ったときにはこのフレーズ、と覚えて使ってくださいね。

フレーズ②「例えば？」

「例えば」とは、例を挙げて説明するときに使う言葉ですが、相手の意見の具体的事例を引き出す質問としても使えます。先ほどご紹介した「具体的に言うと？」と同じく、曖昧な意見を具体的に考えさせたいときに有効なフレーズです。

「伝票処理が難しくて……」

「お客さまからもいろいろなご意見をいただいています」

「この件に関しては、すぐ対策を考えます」

「例えば?」というフレーズは、相手に具体的イメージやアイデアを考えさせる質問です。なんとなく「伝票処理は難しい」と苦手意識を持っている相手に**「例えば、どこが難しいの?」**と聞けば、自分がつまずいているところはどこかを考えさせることにつながりますし、「いろいろ」と言う相手に聞けば、曖昧な認識で思考を止めず、具体的事実に目を向けるよう促す効果が生まれます。

また、メンバーが考えている「対策」も、どんな内容を考えているのか聞いてみないとわかりません。もしかするとリーダーの考えとは全く違う、見当違いなアイデアかもしれませんし、その時点ではノーアイデアで、一緒に考えるなどのサポートが必要かもしれません。

そもそも言葉は多義性があり、いろんな意味を持っています。例えば、メンバーの相談に乗るとき。例えば、報告を受けるとき。相手の言葉を曖昧なまま受け取っていては、すれ違いが生まれるばかり。

「伝票処理が難しくて……」
「ああ、あの入力画面わかりにくいんだよな」
「いえ、そうではなくて……」

こんなふうに、「そうではなくて」と相手によく返される方、ついつい早合点をしてしまいがちな方にこそ、取り入れていただきたい質問です。

フレーズ③「他には？」

一つの質問には一つの答え。もしもこう思い込んでいるとしたら、多くのチャンスを逃しているかもしれません。

これまでにＧＲＯＷモデルのコーチングの「行動の選択肢（Options）」の項でもご紹介しましたが、相手の思考を広げるコツは、「他には？」と促して、できるだけたくさん引き出すこと。

私たちは一つ答えが返ってくると、ついついそこで満足してしまいがちですが、**意見が一つとは限りません**。「他には？」と聞くことで、相手は他の答えを探す思考の旅に出かけます。それならば、と隠れていた本音を口にしたりします。

最初に出てくる答えは、いつも考えている無難で当たり障りのない答えが多いもの。「他には？」のバリエーション「まだある？」「もっとあるでしょ」「10個くらいリストアップしてみようか」などの言葉を使って、答えをどんどん引き出しましょう。

3 得意技を作る！「フレームワーク」で質問上手

◎――無駄なく漏れなく整理しながら聞ける

前章の「聞き分ける」スキルでいくつかご紹介したフレームワークは、もちろん質問としても使えます。それぞれのフレームワークの質問例を参考に、使える質問フレーズをプラスしていきましょう。

①根拠・意見

意見の裏には根拠アリ。相手の意見に「根拠は？」と返す質問もシンプルでいいものですが、それではキツくなりすぎて、メンバーを萎縮させてしまうということも。「確かに」

と思う方は、ご自分の聞く表情が固くなっていないか、話しやすい態度を取っているか、また、相づちを打ってから質問できているかをまずチェック。その上で、他の質問フレーズもぜひ使ってみてください。**「そう思う理由は?」「何が原因でそう思うの?」「何があったか聞かせてよ」**など、使えるフレーズもいろいろあります。

また、同じく「どうしてそう思うの?」という質問も使えますが、「どうして」「なんで」という「なぜ」と聞く質問は、言い方や場面によっては、責められていると相手が感じることも。「どうして宿題やってないの!」「なんで片付けてないの!?」と昔から、お説教とセットで聞かれることが多かったからでしょうか、「なぜ」を聞く質問は、ともすれば言い訳を誘発しがちです。

特に、普段からキツい、怖い、と思われがちなコワモテリーダーは要注意。**質問が詰問にならぬよう、**問いかける態度にも意識を向けましょう。

②評価者目線・当事者目線

「部下のやる気を出させたい」「ムチャを言うお客さまを何とかしたい」など、他者に関するお悩みは多いもの。コーチングのテーマとして上がることも多いのですが、「部下」「お客さま」など、「他者」に関する話をいくら聞いていても、なかなか前向きな話にはなりません。ともすれば愚痴の無限ループに入ってしまうこれらのテーマをポジティブに変えるポイントは、「ゴール」を明確にすること、そして「主語」をシフトさせること。評価者目線から当事者目線へ、質問を使って思考を誘導していきましょう。

「現場にやる気のない技術者がいて、みんな迷惑してるんですよ」こう嘆くOさんは、現場の中堅社員。部下はいませんが後輩がいて、やる気が見られない現場メンバーについて頭を悩ませています。

Oさんのようにメンバーが不満を訴えてきたら、まずは話し手の気持ちに共感しながら話を聞きます。**「詳しく聞かせて」**と、ひとまずすべて聞き切りましょう。

メンバーは、リーダーに対策をとってほしいと望んでいるのかもしれません。もしも何か手が打てるなら、対応を。リーダーとしてトップダウンで対応することも、ときにはやはり必要です。

とは言え、いつもいつもトップダウンでは、人任せのメンバーが増えるばかり。せっかくですから、コーチングもここでやってしまいましょう。ＧＲＯＷモデルを活用し、どんなチームが理想なのか、やる気のないメンバー以外の問題は何か、良いチームにするために自分は何ができるのかなど、この機会に考えさせれば一石二鳥です。

「Oさんは、どんな現場チームが理想だと思ってるの？」「理想的状態に比べて、今はどんな感じ？」「メンバーのやる気を引き出す具体的なアイデアは？」「現場でOさんができることは？」

そもそも他者に不満を感じる原因は、本人の中に「こうあるべき」という理想の姿があるからです。どんな状態を目指したいのかハッキリと描かせて、ゴールを明確にした上で本人ができることを考えるサポートが有効です。

「上司である私からは、どんなサポートがほしい？」「私に期待していることは？」

また、上司としての対応を取る前に、どんなことを期待しているのかも本人に語らせましょう。「そんなことを聞いて、できないことを言われたらどうするんだ？」というご意見もよくいただきますが、**「言い分を聞く」イコール「言うことを聞く」ではありません。**どんなサポートが必要かと聞くことで、上司はあくまでサポート役、現場の当事者は自分であることを自覚させることにもつながります。

相手の意見をまずは聞き、その上でできること、できないことを仕分けして一緒に対策を考える。メンバーを主体的に導くのは、当事者であるメンバーを支えるリーダーの姿勢です。メンバーから不満の声が上がったら、改善と育成のチャンスです。機会を逃さず、ポジティブに対応していきましょう。

③対義語で考える

対義語で考えることを促す質問は、相手の話が偏っていたり、視野が狭くなっているなと感じたときに、ぜひ使ってほしい問いかけです。

この商品は売れない、と嘆くメンバーには、**「買ってくれているお客さまの購入理由は?」**

失敗に落ち込む相手には、**「これが成長のチャンスだとしたら、何を学びたい?」**

顧客への不満を口にするメンバーには、**「相手からはどう見えていると思う?」**

相手の話の逆視点から考える質問を投げかけます。営業態度に悩むセールスパーソンには「自分が買いたくなる対応は?」、部下に手を焼くマネージャーには「自分が上司の言うことを聞かないのはどんなとき?」と相手の立場に立つように促す質問も効果的。第2章72ページのように、新しいアイデアも浮かびます。

「強み・弱みは?」「できていること・できていないことは?」など、質問時に両面から聞くのもお勧め。できれば紙に書いて、どちらもまんべんなく引き出せるよう、見える化しながら聞きましょう。

④5W1H

いつ、どこで、誰が……? と問いかける「5W1H」は、**情報をモレなく引き出すために使える便利なフレームワーク**です。現状を確認したり、これから取り組むことを具体化するときには、ぜひ意識して活用したいもの。

ただ、「5W1H」は情報を聞く質問リストですから、どうしても単調でドライになりがち。だからこそ、「なるほど」「いいね!」「そうなんだ」「素晴らしい!」など、きちんと反応を返しながら聞くことが大切です。

⑤GROWモデル

「GROWモデル」は、コーチングするときはもちろん、相談を受けたときや打ち合わせのときなど、普段の対話の中でもぜひ活用していただきたい基本のフレームワークです。

ゴール、現状、選択肢の順番で引き出していくのが基本ですが、相手がゴールイメージを持てないとき、なかなか話が引き出せないときは、最初に「現状」から聞き始めるのもお勧めです。

お悩みや不満は、理想と現実とのギャップから生まれることが多いもの。特にビジネスのお悩み、キャリアを考えるときのご相談は、「理想のイメージ」を描くよりも、「今現在のお悩み」から聞き始めたほうがスムーズに進みます。お悩みを聞き、そう感じる原因（現状）を明らかにした上で、「どうなればＯＫなの？」と理想のイメージを引き出します。

ＧＲＯＷモデルに沿った進め方が理解できたら、ここからは要素ごとに使えるフレーズをお伝えします。

［理想の未来（Goal）］

「どうなりたい？」「理想は何？」など、ここでもシンプルな質問からスタートです。もう少し具体的に考えさせたいときは、**「お手本にしたい人は？」**など、具体的な人名を挙げてもらうのもお勧め。なかなか言葉が出ない相手には、**「何をやっても絶対に成功するとしたら、どうなりたい？」**というふうに仮定形で問いかけてみると、相手の思考の枠が外れやすくなります。

また、ゴールを考えさせるポイントは、「こうなりたい」「手に入れたい」という気持ちを引き出すことですから、ありありと達成したイメージを描かせるための**五感を刺激する質問**もぜひ活用しましょう。

五感とは、視覚・聴覚・嗅覚・味覚・触覚のこと。ゴールを達成したときに、見えるもの・聞こえる音や声・におい・味わい・身体の感覚について、質問を通して考えさせます。


「もしも実現したら、どんな景色が見えているんでしょうね（視覚）」

「達成したら、周りは何て言うと思う？（聴覚）」

「カッコいいと思う人は、どんな香りをまとっているの？（嗅覚）」

「契約を取れた後のビールは、どんな味がするんだろうね（味覚）」

「痩せたら身体の疲れ具合はどう変わりそう？（触覚）」


漠然としていた目標も、五感を通じて具体的にイメージできれば、魅力的なゴールへと変わります。どうしても相手がイメージを描きにくい場合は、写真や動画などの参考資料を見せたり、お手本になるような人に会わせたりすることも効果的です。

[現状(Reality)]

具体的にイメージを描かせる未来に対し、現状は「事実ベース」で明確化することが重要です。**「どんな状態?」「困っていることは?」**とシンプルに聞き、その上で**「どうしてそう思うの?」「具体的に言うと?」**と具体化していきましょう。

事実ベースですから、数値やデータで語らせることも重要。聞かれることで、きちんと把握していない自分に気づけますし、何を押さえておくべきかなど、データの押さえどころも身につきます。話す内容によっては、現状を示すデータを集めさせた上でコーチングすることも効果的です。

また、現状についてメンバーに話をさせ、様々な問題点が明らかになってくると同時に、コンサルスイッチオン!となる方も多くいらっしゃいますが、**ここでアドバイスしてしまってはもったいない**。リーダーの答えや指示を伝えるばかりでは、メンバーの解決思考は磨かれません。

特にベテラン、経験豊富なリーダーは要注意。アドバイスしたくなる気持ちをぐっと抑えて、未来に向けた「行動の選択肢」を本人から引き出していきましょう。

【行動の選択肢（Options）】

まず引き出したいのは、今の時点で本人がやろうと思っていること。第2章１２０ページ「普段使いのコーチング」でもお伝えしたように、当事者であるメンバーは、こうしたらいいのかな、こうやってみようかな、というアイデアを持っている場合も多いもの。**「やろうと思っていることは何？」「アイデアが浮かんでいたら教えて？」**と聞いて引き出します。もしも言い淀むようであれば、自分の意見に自信がないのかもしれません。**「何でもいいから言ってみて」**とやんわりと促すことも必要です。

また、「口に出したらやらされる」という気持ちで発言を躊躇《ちゅうちょ》するメンバーもいますから、「言ったんだからやれよな」という対応も禁物です。この段階で重要なのは、選択肢を広げること。できるかできないかわからないアイデアも含めて柔軟に考えてみることが、メンバーの可能性を広げます。一つひとつの意見を評価することなく、すべてのアイデアＯＫという姿勢でまずはリストアップしていきましょう。

そのためにも、「いいね」「なるほど」と肯定的な相づちを挟みながら、「他には？」「もっと出してみて」「アイデアを20個考えてみよう」と促すのがお勧め。アイデアが広がりにくくなったら、「例えば、お手本にしてる○○さんなら、どうすると思う?」と、他の人になりきって考えさせるアプローチも効果を発揮します。

「例えば、予算がいくらでもあるとしたら何をしたい?」「例えば、何をしても成功するとしたらやってみたいことは?」など、「例えば」から始まる仮定形の質問文も、相手の思考を広げる上で役立ちます。


【意志（Will）】


アイデアをしっかり広げたら、今度は実際に取り組む行動を決めるフェーズです。いろいろな意見の中から、やれそうなもの、やってみたいものなど、相手の行動選択をサポートします。

「一番やれそうなことは?」「一番簡単に取り組めることは?」など、「一番」という言葉をつけて聞かれると、私たちは自然と優先順位をつけ始めます。また、**「どの順番で進めると良さそう?」**と、具体的な計画を考えさせる質問も有効です。

取り組むべきことが漠然としていると、どこから手をつけていいかわからず、なかなか行動に移せません。反対に、何をどんなふうにやればいいのか、手順レベルで明確になっていれば、比較的スムーズに取りかかれるもの。また、取りかかるには気が重い取り組みも、一番簡単にできるところから手をつけてみれば、勢いづいて進めることができるものです。

コーチングで相手の行動を引き出す上で重要なことは、**「すぐに取りかかれる」状態まで具体化する**こと。いつ、どこで、どんなふうにと5W1Hで具体化していきましょう。

そしてまた、「決めたんだからがんばってね」と突き放さず、その後のフォローを決めておくのも、継続する行動促進のためには必要です。

「どんなサポートがほしい?」「この件について、次はいつ話そうか?」とフォローや進捗チェックについても質問して、しっかり考えさせ、決めておきましょう。

その他、前章156ページでご紹介したフレームワークも、「(それぞれの要素)は?」と聞くことでそのまま質問として使えます。ご紹介した以外にもビジネスのフレームワークは様々ありますから、自分がしっくりくる使いやすいフレームワークをぜひ見つけてみてください。

4 考えさせたいのはどのレベル？「質問の種類」を知ろう

適切な質問でより良い質問をサポート

シンプルなフレーズと、使えるフレームを手に入れたら、ここからは応用編。自分らしく効果的な質問を作るための基礎知識をしっかり理解しておきましょう。

質問には、相手に考えさせたいレベルや目的に合わせ、様々な種類があります。

例えば、次ページレベル①のＹｅｓ／Ｎｏ型質問は、相手は答えをあまり考えないので、比較的答えやすい質問ですが、話はあまり膨らみません。逆に、レベル④の自由回答型質問は、普段考え慣れていないメンバーに突然問いかけても、なかなか意見が出てきません。考える時間をしっかりと取り、気長に問いかけることも相手によっては必要です。

自分が普段使っているのはどのレベルの質問か、まずは自己分析した上で、新たな質問フレーズを自分のリストに加えていきましょう。

⦿――自由度の高い質問、低い質問

レベル①Ｙｅｓ／Ｎｏ型質問

はい、いいえで答えられる質問。こちらが思う答えを確認したいときなどに使います。

「みんなと顧客情報を共有する時間は取ったの？」

「A社へのプレゼンの準備はきちんとできている？」

レベル②選択型質問（which）

選択肢を提示して相手に選ぶことを促す質問。既にある程度条件が揃っているときに使います。

「顧客情報の共有はオンラインでする？　それともミーティングで？」

「A社へのプレゼンの準備はバッチリ？　さっぱり？」

レベル③情報限定型質問（who/where/when）

いつ、どこで、誰がなど、答えの範囲がある程度限定される質問。相手に範囲を絞って考えさせたいときに使います。

「顧客情報の共有ミーティングは誰が仕切るの？」

「A社へのプレゼンの準備はいつするの？」

レベル④自由回答型質問（what/how）

範囲も答えも、相手が自由に答えられる質問。発想を限定せず、相手に広く考えることを促したいときに使います。

「顧客情報の共有、どう進めるのがいいかな？」

「A社へのプレゼンの準備、どうする？」

このレベル④は、とても自由度の高い質問です。どんな答えが返ってくるかは相手次第。自由度が高すぎて、相手の成熟度によっては答えられないことも多いものです。

メンバーを育成する上で大切なのは、**答えを言わせることよりも、相手に考えさせること**。質問を通じ、相手に働きかけ、思考力と発言力を磨くことです。

質問は、思考のスイッチ。質問されることはイコール、そのことについて考え、話す機会を与えられるということです。答えられない自分に気づき、自分の無知にも気づきます。相手がなかなか答えないからといって責めることなく、諦めず、折に触れて④自由回答型の質問を投げかけてみてください。

⦿――ポジティブな思考を促すための肯定文

「どうしてうまくいかないんだ？」と質問されると、うまくいかない原因を、

「どうやったらうまくいくと思う？」と質問されると、うまくいく方法を、

それぞれ私たちは考え始めます。

相手にポジティブに考えさせたいなら、質問は肯定形で聞くのがお勧め。否定形は往々にして、相手の言い訳を引き出します。

「何でできないの？」→**「できるようになるには、どんなトレーニングが必要？」**
「達成してないぞ？」→**「目標を達成するには、どんな活動をすればいいと思う？」**

ネガティブな状況でこそ、肯定文の質問投入。
質問は、相手を育てる良質なギフトです。

聞かれた瞬間だけでなく、その後も問いは心に残り、相手への刺激として機能します。
出し惜しみせず、様々な視点からの問いかけを、ぜひ継続してくださいね。

5 実践！「質問リスト」を作ってみよう

それでは早速、質問作りのトレーニングに入りましょう。ここでご紹介する事例を読んで、まずは自分ならどんな質問をするか考えてみてください。

いくつか浮かんだら、次ページへ。私が実際に行った研修で参加者から出てきた質問とその解説を紹介していますので、参考にしてみてくださいね。

◉日常やりとり編　取引先を怒らせてしまった部下へのコーチング

うっかりミスで大事な取引先からクレームを受けたAさん。報告を受け、顧客への対応は何とか収束させせました。これからAさんを成長させるために、個別コーチングを実施しようと思います。Aさんには、どんな質問が有効だと思いますか？

質問例

「なぜ取引先は怒ってるんだと思う？」

「こういうふうになった理由は何だと思う？」

「これからどうする？」

「どうやってこの失敗を取り返す？」

「どうやったらそのミスを防ぐことができると思う？」

「次回以降ミスしないために何か工夫することは？」

「こんな話が来てるんだけど、これって事実なの？」

「どういう経緯でこうなったの？」

「このミスは個人の問題か、それとも組織の問題なのか？」

「元々どこに気をつけていたの？」

「どういうヘルプが必要？」

相手に響く質問を作るコツは、相手の立場に立って考えてみること。皆さん自身が顧客を怒らせるようなミスをしてしまったとき、どんな言葉をかけてもらったら、前向きにやる気を持って考え、行動できると思いますか？　前ページの質問例の中で、自分がかけてほしい質問はどれかを考えてみましょう。

実際の研修会場で聞いてみると、自分たちで考え出した質問にもかかわらず、「自分がかけてほしい質問」はあまり多くはありませんでした。自分のミスや顧客トラブルなど、自分にとって嬉しくない話題は、そもそもあまり話したくない話題です。

とは言え、そのまま放置しておくわけにもいきませんから、ここでもやはり相手にしっかり考えさせるコーチングが必要です。原因を客観的に分析し、**改善点を明確にするための質問**や、**今後の対策を考えるための質問**、そして、**前向きな気分になれる質問**など、目的に合わせた質問を繰り出せるようになると、質問力も上級クラス。先ほどの質問を参考に、もう少し詳しくチェックしていきましょう。

①「なぜ」と「何」のバリエーション

「なぜ取引先は怒ってるんだと思う？」は、取引先の視点から原因を考えさせる質問です。視点を変えさせる質問としては有効ですが、「なぜ」と聞かれることで、相手の言い訳を誘発することも。次の**「こういうふうになった理由は何だと思う？」**と同じように、「取引先が怒っている理由は何だと思う？」「取引先が怒った原因は何だと思う？」といった、「何」を使った質問への言い換えもお勧めです。

また、「何」と聞こうと思うと、引き出したい内容をハッキリ言語化せねばなりませんから、聞く側の発想力も重要です。**「取引先が求めていたものは何だろう？」「取引先は何を期待していたんだと思う？」「取引先にとって、こちらの対応の何がマズかったんだと思う？」**など、聞く視点さえ持っていれば、様々なバリエーションも生まれます。

「何」と聞く質問力を磨くことは、自分自身の視野も広げ、メンバーに多様な視点を持たせることにつながるのです。

②答えの自由度コントロール

「どうやってこの失敗を取り返す？」「これからどうする？」という質問は、とても自由度の高い質問です。経験豊富なベテランや、自分の能力に自信のあるメンバー、意見を恐れず主張できる人にとっては答えがいのある質問と言えるかもしれません。

しかしながら、どのように答えたらいいのか全くアイデアの浮かばぬメンバーにとっては、少々負荷が高すぎて、「………」という沈黙しか返ってこない可能性も。また、正確に答えたいアナリティカル傾向のメンバーにとっても、範囲が広すぎて答えにくい質問です。

そんな場合は次の質問**「どうやったらそのミスを防ぐことができると思う?」「次回以降ミスしないために何か工夫することは?」**のように、ある程度考える範囲を狭める質問をかけてあげましょう。

195ページでご紹介した「自由回答型質問」は、どんなふうに聞くかによって答えの難易度も変わります。「ミスを防ぐ」「工夫すること」など、相手の考えの助けになる言葉をプラスして、相手のレベルやタイプに合わせた問いかけを実践してみてください。

③言い分を聞く姿勢と効果

人づてに伝わってくる情報は、ときに事実と違っていることも。聞いた話を鵜呑みにせず、当人の言い分に耳を傾けることも重要です。

「こんな話が来てるんだけど、これって事実なの?」「どういう経緯でこうなったの?」「このミスは個人の問題か、それとも組織の問題なのか?」「元々どこに気をつけていたの?」など、事実を整理し、相手の言い分を聞く質問は、本人に申し開きをする余地を与えます。ただしこれらの質問は、ともすれば**「尋問」にもなりがち**。どんな口調で問いかけるかで、相手への伝わり方も変わりますから、責め口調にならぬよう意識することも必要です。

また、こういった事実確認系の質問は、ともすれば**聞く側の情報収集のための質問にもなりがち**です。コーチングの主役はあくまで相手。質問はメンバーが自分で考え、行動・成長するための手助けです。本人に状況を語らせるのは、起こった出来事を俯瞰《ふかん》して、客観的に分析させるため。**問題は何か、今後に向けての改善点は何か**を考えさせ、行動の後押しをしていきましょう。

④気持ちが伝わる育成質問

失敗したり、困難にぶつかったり、ビジネスの現場ではいろいろなアクシデントや問題が起こります。トラブルが起こる度にリーダーが介入して解決に乗り出すばかりでは、メンバーの問題解決力は上がりません。

だからと言って「お前の問題なんだから、自分でがんばれ」と突き放してしまうのも、育成目線で考えるとあまりお勧めできません。**「どういうヘルプが必要？」**と聞く言葉は、メンバーを主役にしながらも放置しない、リーダーの姿勢が伝わる質問です。

研修会場でも、こんなふうに声をかけてほしい、と多くの方から声が上がったこの質問。聞かずに手助けするのもアリですが、どんなサポートが必要かは人それぞれ。あえて聞くことで、相手にサポートやチームの存在を意識させることにもつながります。

「どんなサポートがあればいい？」「私たちに手伝ってほしいことは？」「チームへのリクエストは？」など、様々な問いかけで、メンバーとチームとのつながりをしっかり強化していきましょう。

◉GROWモデル編　社員研修の企画担当者へのコーチング

「身だしなみとかマナーが、人によってバラバラで困っています」と悩むNさんは、人事部の研修ご担当。メンバーの接客力向上のための研修企画に悩んでいます。コーチングで、

Nさんの企画立案をサポートするために、どんな質問が効果的だと思いますか？

こんなふうに誰かから相談されたとき、オールマイティに使えるのは、GROWモデルのフレームワークです。

先ほどご紹介したようなシンプルな定番質問フレーズでもいいのですが、ここでは少し応用して別のフレームワークとのかけ算で質問を作ってみましょう。チームを考えるときに便利なフレームワーク、**経営のための5つの資源**のうちの3つ、**「ヒト・モノ・カネ」**を使った質問例をご紹介します。

①理想の未来（Goal）

これまで何度もお伝えしてきましたが、ゴールイメージは具体的に、かつ魅力的に描くことが重要です。そのためには、**うまくいったらどんな良いことがあるか**を多面的に考えてもらう質問が効果的。研修そのものだけではなく、研修後の未来や実施することによるメリットなど、様々な視点から考えられるような質問を投げかけましょう。

質問例

ヒト……スタッフやお客さま、外注メンバーなど関連する人を指す

「終了後のみんなは、どんな表情をしているんでしょうね?」

「お客さまからの評価はどんなふうに変わるでしょうか?」

「みんながどんなふうに変化したら接客力が向上したと言えますか?」

モノ……設備や職場の備品など、また、商品そのものを指す

「理想的な職場ってどんな状態ですか?」

「掃除や整理整頓など、環境整備への影響はどう現れそうでしょう?」

「接客力が上がることで、提供する商品の価値はどう変わりますか?」

カネ……資金、予算、利益、売上などを指す

「接客力が上がったら、売上や利益にどんな影響がありそうですか?」

「教育効果をお金で測るならば、例えばどんな指標がありますか?」

「どんな状態になったら、教育投資した甲斐があったと思えますか?」

②現状（Reality）

現状を明らかにするコツは、**事実ベースで考えること**。「接客力」など、数値化しにくいテーマの場合、現在何点くらいなのかと考えさせる「スケーリング」のテクニックが便利です。点数化させることで、「今回の研修を実施することで、何点になればいい？」とゴールセッティングを促すこともできるようになります。

質問例

ヒト……スタッフやお客さま、外注メンバーなど関連する人を指す

「今のスタッフの接客力は、１００点満点中何点だと思いますか？」

「○○点だと思う根拠は？」

「現時点で、ここはＯＫと思うことは何ですか？」

「これまでにどんな教育をしてきました？」

モノ……設備や職場の備品など、また、商品そのものを指す

「より良い接客を促すツールは整ってますか？」

「社内の接客ルールはどうなってます?」
「清掃や社内美化の状況は?」

カネ……資金、予算、利益、売上などを指す
「これまでにいくらくらいの教育投資をしてきました?」
「メンバーの顧客対応で、失った利益はどのくらいでしょう?」

③行動の選択肢(Options)& ④意志(Will)

行動の選択肢は、**できるだけたくさん引き出す**ことがポイントです。考える視点が増えれば、その分選択肢も広がりますから、フレームワークのかけ算効果が出やすい要素でもあります。

本人に考えさせる以外にも、「インターネットで探してみると?」「良いアイデアを持っていそうな人は?」など、積極的な情報収集を促すことも有効です。選択肢が広がったら、「具体的にはどう進める?」「実施に向けてのスケジュールは?」「まず手をつけることは?」と、**実行に向けた意思決定**を促していきましょう。

質問例

ヒト……スタッフやお客さま、外注メンバーなど関連する人を指す

「社内で接客のお手本となる人は?」

「講師に求める条件は何ですか?」

「研修で受講生に気づかせたい、学ばせたいことは何ですか?」

「誰か協力してくれる人は?」

モノ……設備や職場の備品など、また、商品そのものを指す

「教育ツールとして整えたいものは何ですか?」

「接客マニュアルはどう作成しますか?」

「研修以外で接客力を上げるための取り組みとして、どんなものがありますか?」

カネ……資金、予算、利益、売上などを指す

「予算は?」

「費用対効果をどう測りますか?」

「できるだけ安く上げるとしたら、どんなアイデアがありますか？」

さて、以上ここまで質問のスキルについてお伝えしてきましたが、いかがだったでしょうか。「やっぱり質問って難しい…」もしもそう思うなら、ここでもSMARTな目標設定が有効です。

具体的にいつ、どんな質問を使ってみるのか、それによって相手にどんな効果を生み出すのかなど、取り組みを具体的に決めておきましょう。ただ「質問を使おう」と意識するだけでは、なかなか上達は望めません。

リーダーの質問力が上がれば、それはそのままチーム力向上につながります。まずは一つのフレーズを取り入れるところから。使える質問力を身につけて、メンバーとともに、次のステージへとステップアップしていきましょう。

第5章

相手に響く「伝える」スキル

1 わかりやすさの基本「タイトル&ナンバリング」

◎──これから何の話？ 冒頭で伝えるとスムーズ

コーチングは引き出すコミュニケーションですが、相手に考えさせ、意見を引き出すためには、ときにこちらからの働きかけも必要です。情報提供や励まし、アドバイスや指導など、伝える要素は様々ですが、大切なことは、きちんと相手に**「伝わるように伝える」**こと。ここからは、伝えるためのポイントを5つご紹介します。

「今期の重点目標は2つだ。一つは……」
「商品説明のポイントは3つある。一つめは……」

相手にわかりやすく意見を伝えようと思うなら、**自分の話に「タイトル」と「ナンバー」を振りましょう**。自分がこれから話すことは何なのか、いくつの要素があるのかを、まずは予告する伝え方です。

タイトルを明確にすることで、話の要点が伝わります。話す内容がいくつあるのか明確で、話の終わりが見えていれば、聞き手も安心して耳を傾け聞いてくれます。ナンバーを振って、箇条書き風に伝えることで、ノートにメモも取りやすくなりますから、メンバーがうっかり聞き逃してカン違いすることも減少します。

また、効果はそれだけではありません。話の中身を最初に予告しようと思うと、自ずと自分が話す内容を事前に考えることになります。ナンバーを振って話そうと思うと、自然と自分の思考を分類、整理するクセが身につきます。結果、伝える側の思考力も磨かれる一石二鳥の取り組みです。

「A社の案件について気になることがあるんだが、2点ほど確認していいかな？」

また、質問する前にもこう予告して、相手の許可を取る聞き方もお勧めです。**「聞いていい？」「アドバイスしてもいいか？」**と聞き、相手からＹｅｓを引き出しておけば、その後の会話もスムーズです。

会議やミーティング、普段の仕事の中でも、わかりやすさは重要な要素。自分が口にする内容は、果たして意見か提案か。はたまた単なる情報提供なのか。発言の度に意識して、毎日トレーニングしておきましょう。

2 事実ベースで「フィードバック」

◎――反省より改善。まずは原因を特定しよう

私たちは、自分自身を自分の目で直接見ることはできません。鏡を使ったり、写真やビデオに映してみたり。何かツールを使うことで、初めて自分の姿を客観的に見られるようになります。

コーチングにおけるフィードバックとは、相手の姿を鏡のように写して相手に伝えること。どんな状態か、相手の行動の結果、何が起こったのかなどを「事実ベース」で伝えます。

そもそもフィードバックとは、出力に応じて入力を調整する電子回路の用語でもあり、大砲の着弾目標と実際の着弾点の差異を伝える軍事用語でもあります。**目標に対してどのくらいズレているのかを、相手にきちんとわかるように伝える**ことが重要なのです。

「今日の接客態度、良くなかったね」

という意見を伝えるだけの指導では、相手を凹ませ反省は促しても、どこが悪かったのかよくわからず、改善行動にはつながりません。

なかなか友人関係がうまくいかず、「谷って言い方がキツいよね」と数人の友人に言われて凹んだ大学生当時の私。「そんなつもりはないんだけどなぁ……」と思い悩み、バイト先のオーナーDさんに相談しました。

「そうね、あなたは『これって○○でしょ』と決めつけた言い方をするときがあるわね」

そう言われて初めて気づいた自分のクセ。それがすべての原因ではないにせよ、何が相手に「キツさ」と感じさせていたのかがわかり、これからの対話で気をつけるべきポイントが明らかになりました。お陰で凹んでいた気持ちが前向きな気分に変わったのを覚えています。

「やる気が感じられない」「態度がデカい」「仕事が遅い」もしもメンバーに対してそんなふうに感じたら、そう感じる原因は何かを観察し、きちんと言語化して伝えましょう。

「やる気がない、と感じるのはなぜだろう?」「彼の何が態度をデカく見せてるんだろう?」「彼女の仕事を遅くしている原因は何だろうか?」フィードバックの前には、しっかり自問自答して、根拠を明確にしておきます。この習慣が身につけば、相手に感じたイラ立ちをそのままぶつけずに済むというオマケ付き。自然と気持ちのコントロール力がアップします。

そしてまた、自分の課題が具体的にわかり、「じゃあ、どうすればいいんだろう……」と本人が考え始めた後であれば、こちらからのアドバイスも伝わりやすくなります。

先ほどの私の事例でも、「どうすればいいのかな……」とつぶやく私に「私は○○と思う、という言い方に変えてごらん」と、アドバイスをくれたDさん。皆さんもきっと経験があると思いますが、自分がほしいと思っているときにタイミング良く渡されるアドバイスのありがたさを、身を持って体験しました。

「その後で、『あなたはどう思う?』と質問して、相手の話も聞いてみたらいいと思うわ」と続く、Dさんからの言葉を振り返ると、このとき既に、相手から引き出すコミュニケーションの取り方を教えてもらっていたんだなぁと思います。

引き出すコミュニケーション=コーチングは、決して新しく作られたスキルではありません。引き出し上手な人が自然にやっていることを、誰もが真似できるように体系化し、まとめ直されたスキルです。

相手に対するフィードバックには必ず「根拠」を添えて。アドバイス上手がやっているコツ、忘れず実践していきましょう。

3 見てるよを伝える「褒め言葉」

◎――何がどうすごいのか？ 根拠を具体的に

リーダーや仲間からのポジティブな声かけは嬉しいもの。特に、相手の良い点を伸ばしたいと思うなら、褒めることも重要です。そうですよね……とは言いながら、褒めるのが得意だとおっしゃる方は少数派。多くの方が、**恥ずかしい、照れくさい、相手を甘やかしている気がする**など、苦手意識を持っています。

しかし、相手をやる気にさせる、本人も気づいていない強みに気づかせるなど、「褒め言葉」の効用を考えれば、照れくささに負けている場合ではありません。

「でも、褒めてもあんまり響かなくて……」

もしもそう思うなら、伝え方に問題アリかもしれません。

「彼はすばらしいんですよ！」

と力説しながら若手社員のAくんを紹介してくれたのは、木材製品の製造開発を行う企業のI社長。傍らのAくん本人は、褒められる度に、不思議そうに首をかしげます。その様子がおかしくて、「どうして首を傾げるの？」と聞く私に返ってきたのはこんな言葉。

「何をすごいと言われてるのか、さっぱりわからないんです」

そう言う彼の言葉を受けたI社長、なるほどとうなずいて補足してくれました。

「彼は毎日の実験データを確実に記録に残してまとめてくれる。入社以来ミスなしです。当たり前といえば当たり前なんですが、データの正確さが信頼できるからこそ、私たちは安心して開発に専念できる。彼のような人材は、我が社に絶対必要なんです」

その言葉を聞いたAくん、今までになく嬉しそうな表情で「ありがとうございます」と照れくさそうにつぶやきました。

どんなに「すばらしい」と褒めたところで、相手に伝わらなければ意味がありません。

だからこそ、「いいね」「すごい」「よくがんばってる」「さすが」とメンバーを褒めるときにも、**そう思う「根拠」をプラス**。

「さっき後輩に声をかけていたのを見たよ。いいね」
「休憩中にも資格の勉強してたね。すごいじゃん！」
「今月の訪問数50件、よくがんばった」
「作ってくれたマニュアル見たよ。さすが！」

根拠を伝えることで、きちんと見ていること、お世辞で言っているわけではないことも伝わって、相手への言葉の響き方が変わります。

褒め言葉の内容もさることながら、実は「見てくれていた」「覚えてくれていた」ということを嬉しく感じる人も多いもの。忙しい日常では、日々のことを覚えておくのも大変ですから、いいなと思ったメンバーの行動を忘れないように、**「良かった探しノート」**を作っておくのもお勧めです。

褒め言葉にも根拠を添えて。今日から始める褒め上手トレーニング、相手を選ばず実践してみてくださいね。

4 褒められ下手には「Iメッセージ」

◎――「そんなことないですよ」にならない伝え方

褒め上手になりましょうとお伝えはしましたが、実は「褒められるのが苦手」という受け取りベタが多いのも、褒め言葉の特徴です。「そんなことないですよ」「いやいや」「○○さんに比べたら、私なんて……」と、よく聞こえてくる褒め言葉の受け取り拒否。

拒否される、褒めても喜ばないとなれば、チームから褒め言葉はどんどん減ってゆくのが自然の流れ。もしや皆さん自身が受け取り拒否派なら、**褒められたら「ありがとう」と素直に感謝する「褒められ上手」**に、今すぐ方針転換することをお勧めします。

その上で、相手にも受け取りやすい「I《アイ》メッセージ」を積極的に取り入れてみましょう。

「いいね」「すごい」「よくがんばってる」「さすが」という褒め言葉の主語は「あなた」。主語があなたの「You《ユー》メッセージ」は、ともすれば決めつけになり、相手の状況によっては受け取りにくい言葉にもなります。

目標数字を到達していないのに「がんばってるね」、他にもすごい人がいるのに「すごいじゃん！」と言われても、私たちは素直にうなずきにくいもの。だからこそ、**伝えるリーダーの側を主語にする「I メッセージ」に転換する**のがお勧めです。

「さっき後輩に声をかけていたのを見たよ。私も見習わせてもらうね」
「休憩中にも資格の勉強してたね。自分も勉強しなきゃと気合い入っちゃった」
「今月の訪問数50件！ オレも負けられない気分になるよ」
「作ってくれたマニュアル見たよ。わかりやすくてホント助かる！」

Ｉメッセージの褒め言葉は、相手から受けたポジティブな影響を具体的に伝える言葉。相手への感謝の気持ちを添えて、嬉しかったこと、見習いたいこと、助かったことなど、どんな良い刺激やサポートを受けたのか、しっかり言葉にして伝えましょう。

「あなたのお陰でチームがまとまった」など、チームや組織全体に対する影響を伝える「Ｗｅメッセージ」も使えます。褒めるときには、「根拠」＆「Ｉメッセージ」と覚えて実践してみましょう。

5

仕入れて使おう「ボキャブラリー」

◎——バリエーションを増やして対応力を上げる

伝えるスキル5つのポイント、最後にお伝えしたいのは**「使える言葉を増やすこと」**。私たちは自分の想いや考えを、言葉にして相手に伝えます。自分の思考を言葉にするときに、効いてくるのがボキャブラリー。例えば普段使っている褒め言葉が「いいね！」のワンワードでは対応力も上がりません。

かけられて嬉しい言葉は十人十色。次のリストは、研修で様々な方に聞いた**「やる気が上がる言葉」**の数々です。皆さんは、どんな言葉をかけられたら嬉しいですか？

「ありがとう」
「助かってるよ」
「◯◯さん、おはよう」
「こちらまで元気になるよ」
「いないと困るよ」
「任せたぞ」
「キミならできる」
「ごくろうさん」
「チームのために貢献しているね」
「約束を守るね」
「すぐに報告してるね」
「キミがいるとチームのムードがいいよ」
「キミの正確な仕事は安心できるね」
「◯◯さんが褒めていたよ」
「勇気があったな」

「諦めなかったね」

「期待しているよ」

「天才！」

「実に要点が伝わる資料だね」

「その意見で視点が変わったよ」

「1ステップ上がったな」


メンバーを動かすリーダーにとって、伝える力は必須能力。自分の気持ちや持っている情報を伝える表現力を磨いておくに越したことはありません。そのためには、自分がもらって嬉しかった言葉、本や周りの人から得た素敵な言葉など、たくさん仕入れて常に心に用意しておきましょう。そしてまた、仕入れた言葉を「使える言葉」に変えるには、対話の中での実践練習あるのみ。実際に口にしてみなければ、使えるようにはなりません。

「いいな」と思った表現は、**心に仕舞わず誰かにさっとプレゼント**。聞く力と、伝える力の相乗効果で、リーダーとしての影響力をグンと上げていきましょう。

第6章

ケーススタディ

「GROWモデル」2つのコーチング

1 「痩せたい！」飲食業界Sさん

◎──「聞き分け」＋「質問」でコーチング

ここまでお伝えしてきた通り、コーチングは様々なスキルと仕組みを組み合わせた戦略的なコミュニケーションです。そして、ビジネスリーダーの皆さんにこそ、ぜひ身につけていただきたいのが「ＧＲＯＷモデル」を使ったコーチング。長期の継続的な目標達成や問題解決にも威力を発揮してくれます。

具体的な進め方や質問例などについてはすでにご紹介していますが、実際にどんなふうに対話が展開していくかを知るには、実例を観察するのが一番です。ここからはまず、飲食関係の仕事ゆえ、増加傾向の体重に問題意識を持つSさん（40代男性）をクライアントにしたコーチング事例を参考に、ＧＲＯＷモデルへの理解を深めていきましょう。

Goal & Reality：理想の未来と現実を明確にする

谷：痩せたい、ということですが、ゴールは何ですか？
S：ゴールは、本当は学生時代の63キロなんですが、無理なので、80です。
谷：ふむふむ。今の時点では何キロですか？
S：今は90キロぐらいです。

これまでにもお伝えしましたが、数字で設定できる目標はわかりやすく成果が測りやすい、といった利点を持っています。現状の体重を聞くことで、何とかしたい「マイナス10キロ」という数字も容易に浮かびます。

このように、**数字で測れるものはしっかり数字で整理**しましょう。

顧客開拓なら顧客訪問数やレスポンス率、DM送信数など、生産性向上なら不良率や一人当たり生産性、自分のレベルアップなら資格の点数、上司からの評点など、どんなテーマでも指標となる指数はあるはずです。

また、現状についても、できるだけ**具体的な事実**を語るよう促してください。

「あんまり客先に行けてないんです」「忙しくて、作業時間が取れません」。そんな相手からは、「何件、どこに、いつ行ったのか」「具体的にこの1週間で何をしたのか」など、事実ベースの話を引き出します。そうすることで、対応すべき問題点が、よりクリアに浮かび上がってくるからです。

「いくら稼ぎたいですか?」「今の収入はいくらですか?」「自己資金は?」。起業家支援の仕事をしていた当時、お金に関する目標は、必ず数字で聞いていました。「そんなこといきなり聞きます⁉」と驚くクライアントもいらっしゃいましたが、ビジネスで成功するには、お金の問題は避けて通れません。

言いにくいなら、心の中で思い浮かべ、本人が確認するだけでも十分です。口に出さずとも、質問に対する思考は必ず働いていますし、行動するのはクライアント。本人がしっかり現実を把握して、その上でゴールに向かって行動していくことが重要だからです。

夢を描くことは大切ですが、現実をしっかり直視せず、ただ理想を語るだけでは成果は生まれません。現実を知ったその上で、ゴールに向けての行動を考えていくことが必要なのです。

しかし反面、数字自体にやる気を引き出す力はあまり期待できません。だからこそ、この数字を具体的に、魅力的な未来として描かせることが必要です。そして、イメージをのびのびと描かせるために必要なのは、**肯定的な聞く態度**と、**五感を刺激する質問フレーズ**です。

谷：もうちょっと聞いていいですかね。80キロになるとどんないいことがあるんですか？

S：まずたぶん世界第2位ぐらいのいい男になるんじゃないかなと。

谷：いい男になる！　よりいっそうね。　世界第2位の？
S：今はディカプリオ、キムタクの次だけど、痩せたらキムタクは抜けるかな、と。
谷：そうなんだ（笑）。周りはどんな反応を示しそうですか？　例えば会社に行くと、みんなは何て言うんでしょうね。
S：寄ってくるんじゃないですか。
谷：「どうしたの⁉」とビックリする感じ？
S：そうですね。あとちょっとテニスをやっているんですが、終わった後にヒーヒー言って、たまに吐いちゃったりするんです。80キロになると、たぶんそれはなくなるかなって思います。
谷：なくなるんだ。テニスを終えた後には、心地よい疲労感を感じるようになる？
S：そうですね。
谷：たぶん振るときのラケットの軽さとか、ボールを追いかけるときの息の上がり方とかも違うんでしょうね。
S：うん、そう思います。

・達成すると、どんないいことがあるか？
・周りからどんな声が聞こえてくるか？
・どんな世界が見えるのか？
・どんな感覚を感じるのか？

視覚、聴覚、嗅覚、触覚、味覚など、ゴール達成したらどんな世界が待っているのか、五感で感じる質問をかけ、相手の想像力を刺激します。

もちろん、最初から「これを達成するんだ！」という強い意志を持っている人には、そんなに深く考えさせる必要はありません。元々そこに向けての意欲がある人は、数字を口にした時点で既にイメージを持っているからです。

しかしながら大抵の場合、たとえゴールを設定しても、なんだかんだとやらないことが多いもの。特に、「重要であっても緊急ではないこと」は、ついつい優先順位が下がりがちです。

別にすぐに痩せなくても問題はありませんし、会社の中が片付かなくても大事には至りません。社員教育も、顧客に対するサービス向上も、たとえ新規顧客開拓であっても、現場で忙しく働くメンバーにとっては、今すぐ取りかからなければならぬ、優先順位の高いものではないかもしれません。

だからこそ、相手の行動を確実に促すために有効なのは、次の2つのアプローチ。

一つは、**「緊急度を上げる」**こと。
もう一つは、**「ゴールの魅力を上げる」**こと。
どちらか片方、もしくは両方上げられないか、様々な角度からアプローチしていきます。

例えば、同じくダイエットテーマのクライアントAさん。最初話を伺ったときは、「やります」と言いつつ行動しない「やるやる詐欺」なクライアントでした。しかし、数か月後のフルマラソン出場が決まった途端、目標体重というゴールセッティングが俄然効果を発揮し始めました。大会本番、スリムな体型で走る自分と、今のままで走る自分のギャップを、一瞬で具体的に頭に描けたのだと思います。

また、大学受験、就職活動、海外留学や新規ビジネスの立ち上げなど、本人が知らない世界に向かわせるには、実際に現場に行かせたり、やっている人に会わせたりするなど、実際に「ゴールが実現している世界を見せる」「体験させる」ことも有効です。

相手のやる気を刺激するのは、対話だけではありません。**具体的な仕事やプロジェクトを与える、現実世界を見せる**など、様々な方法との合わせ技で、ゴールが持つ力を最大限活用し、相手を刺激していきましょう。

Options & Will：行動選択と実行に向けて

谷：なるほど、ゴールを達成するとそうなるんですね。それに対して90キロで、テニス後に吐いちゃったりするのが現状、と。この現状をゴールに近づけるために、やったらいいなと思っていることは何ですか？

S：朝、駅まで歩いて15分ぐらいなんですけど、バスに乗っちゃうので、まずそれをやめなきゃいけないかなとは思ってます。

ゴールと現状が明確になったら、今度はそのギャップを埋めていくための行動を考えます。

・やろうと思っていることは？
・既にやっていることは？
・達成に向けてのアイデアは？

などの質問で引き出していきますが、ここでの注意は、つい「例えば……」と補足をしすぎないようにすることです。

「例えば運動とか食事制限とか、糖質制限なんかも流行ってますよね。実は私もダイエットやったことがあるんですけど、○○ダイエットは効果ありましたよ！　詳しく言うとね……」

こんなふうに、ついつい相手の話を奪い、話し始める**「会話泥棒」にご用心**。特に相手の話について自分なりのアイデアを持っている場合、つい話しすぎる傾向があるようです。補足情報は、あくまで相手の思考を刺激するための手段。補足ですから、相手のアイデアをすべて聞いた後にする、としっかり意識しておきましょう。

谷：駅まで歩く。いいね。他には？
S：あとは、電車の中で座らない。
谷：電車で座らない。なるほどね。で、他には？
S：あとは、夜のおやつをやめる。
谷：うん、そんな感じであと5つぐらい、他に何かありますか？

そしてもう一つ、この段階で大切なのは、**できるだけ「たくさん」引き出す**ということです。

私たちは、一つの質問に一つの答えが返ってきたら、その時点で満足しがち。しかしながら、最初に出てくるアイデアは、常に考えてはいるけれど実行できていない、本人にとっては当たり前のアイデアだったりします。

コーチングで大切なことは、**相手にしっかり考えさせること**。最初から考えている答えだけでなく、質問されて初めて浮かぶ「新しいアイデア」をたくさん引き出すことがポイントです。

お勧めフレーズは、「他には？」という促しと、「○個出してみて」という個数目標設定です。個数設定してリストアップさせる場合は、ちょっと無理めの数字を設定。企業にお邪魔しての改善会議では、「改善のアイデア、20個出してみて」と伝えると、「そんなに!?」と言いながらも、みんな一生懸命考え始めます。

いつも通りの思考では、なかなか数が埋まりませんから、バカバカしいアイデアや、突拍子もないアイデアが出てくることも。そしてそこからなかなか楽しい、面白い意見が生まれてきます。「何でもいいのでひねり出させる」効果は結構侮れません。

アイデアをできるだけ引き出したいわけですから、「いいね」「面白い！」「そんな感じで」としっかり相づちを打ちながら、どんなアイデアも肯定的に聞きましょう。

（中略）
谷：それはすごくいいですね。あと1つ。
S：食べ物……、食べ物ばっかりですね。できればもうちょっと運動を増やしたいですね。
谷：例えば？
S：今は2週に1回テニスをやってるんですけど、毎週やりたいかな。それには時間を作らなきゃいけないですね。
谷：毎週1回テニス。それには時間を増やさないといけない。たくさんいただいたんですけど、この中で一番「これならやれるな」と思えるのはどれですか？
S：駅まで歩く、ですね。

たくさん引き出したその後は、実際に取り組む行動を具体的に絞り込みます。
大事なことは**本人に決めさせること**。リーダーとしてメンバーの話を聞いていると、アイデアリストの中に「これをぜひやってほしい」と思う項目があるかもしれません。「これ、いいね！　やろうよ」と伝え、「私もそう思ってました！」となるなら話は早いのですが、問題なのは、本人のその気が不足しているとき。

「いや、まだやれるかどうか自信なくて……」「大丈夫、大丈夫。サポートするし、みんなでやったらいいと思うよ。じゃ、これで決まりね」「あ、えっと……。はい」という一方的な展開を体験したメンバーは、自分にとってハードルの高いチャレンジングなアイデアを、決して口にしなくなります。

だからこそ、相手が言い淀んだら、**「自信がないんだね。何が気になってるの？」と再度コーチングスイッチオン**。もしくは、「じゃあ、どれならやれそう？」と実現度の高いアイデアに意識を向ける質問にシフトしましょう。

いくら「やる」と言ったところで、実行されなければ意味がありません。「一番取り組みやすいのは？」「やってみたいと思うことは？」など、質問を通して本人の選択をサポートし、実現度の高い目標を引き出しましょう。

自分で決めたことを実践し、達成感を味わうことが、次の行動を促進します。出てきたアイデアをきちんと書いて見える化しておくと、選びやすくなりますから、ノートに**「相手のためのアイデアリスト」**としてまとめてあげるのもいいと思います。

谷：駅まで歩くのは、毎日ですか？
S：今はバスに乗っちゃうので、それを半分ぐらいにまずやってみます。行きだけとか、帰りだけにするとか。
谷：いいですね。行き帰りはどっちが簡単ですか？
S：行きのほうが簡単だと思います。
谷：では、行きは駅まで歩くというのをやってみる。OK、じゃあ来週聞かせてください。「今日は歩きましたか？」って聞きますから。
S：わかりました。

そして、ここでも重要なのは、きちんとSMARTな目標にしておくということ。できたかどうか、きっちり測れる内容にしておくということです。「SMART……？ 何だそれ？」と忘れちゃった方は、第1章58ページを再度チェックしてくださいね。

谷：これを続けると、ゴールに向かっていけそうですかね。
S：いけると思います。
谷：行動できそうですか？
S：はい。まず、行きは駅まで歩きます。
谷：まずは歩くだけで十分です。世界第2位のいい男、期待してますね！

具体的に、何をいつやるのか、そしてそれはきちんとゴールにつながる行動なのか。そこを外してはせっかくの行動目標設定も機能しません。加えて最後には意志確認。後押しのためのメッセージや、ゴールを再度想起させる声かけも効果的です。

また、できることならもうひと押し、対話を振り返る時間を取りましょう。

Check：振り返り

谷：話してみてどうですか？

S：普段から思ってる「駅まで歩く」というアイデア以外の「おかわりしない」とか、「ゆっくり食べる」とか、あんまり思ってなかったこと、どこか奥にはあったアイデアを引き出してもらったなと思います。

それと、ひたすら僕の口から言わせてる。最終的に「自分でできそうだ」って言ったことで、できそうな気持ちになるんですね。そこが一番「へえ」って思いました。自分で具体的に言ってるので、現実性が増した感じがすごくあります。

仕事も面談もコーチングも、やりっ放しではレベルアップしません。**「話してみてどうでした？」「この時間の意義は？」**など、対話を振り返る質問をすることで、相手も聞き手も、話すこと・聞くことの価値を再確認することにつながります。

そしてまた、毎回「今の時間はどうだったか」と振り返る習慣が、着実な聞き手のスキルアップを生み出すのです。

「でも、そんなこと聞いて、ネガティブな意見が返ってきたらどうするの？」

何人もの方が心配してしまう通り、「意味がない」「特にないです……」など、言われてショックでガッツリ凹む、ネガティブな反応が返ってくることも確かにあります。そんな言葉は聞きたくないのが人情ですが、問題は、相手のそう思う気持ちを放置して、ひたすら「意味のない」時間を繰り返すことの不毛さです。

ネガティブ意見も見方を変えれば、未来に向けての**「改善提案」**。「意味がない」という意見にも、まずは「なるほど」「率直な意見をありがとう」と、肯定的に返答した上で、相手から未来への提案を引き出します。

「ではどうすれば意味ある時間にできる？」「○○さんにとって、意味があると思える時間ってどんな時間なの？」などの問いかけで、本人の主体的な意見をしっかり聞いていきましょう。

ビジネスで重要なＰＤＣＡサイクルは、スキルアップにも有効です。計画して（Plan）、やってみたら（Do）、振り返る（Check）。そこでの気づきを、次の改善（Act）に活かしていけば、より多様な相手に対応できるようになります。

また、「特にない」と言われたら、**「どんな些細なことでもいいので考えてみて」**と、一歩踏み込んで引き出しましょう。「特になし」という発言は、メンバーの思考を止めるＮＧワード。そのまま放置しておくと、いつまで経ってもメンバーの思考力と発言力は磨かれません。「それ禁止」「何でもいいので発言して」と発言することを促します。

何か意見が出てきたら、それがどんなに大したことのない内容でも、きちんと聞いて「ありがとう」。ことあるごとに繰り返すことで、メンバーの思考力と発言力をしっかり磨いていきましょう。

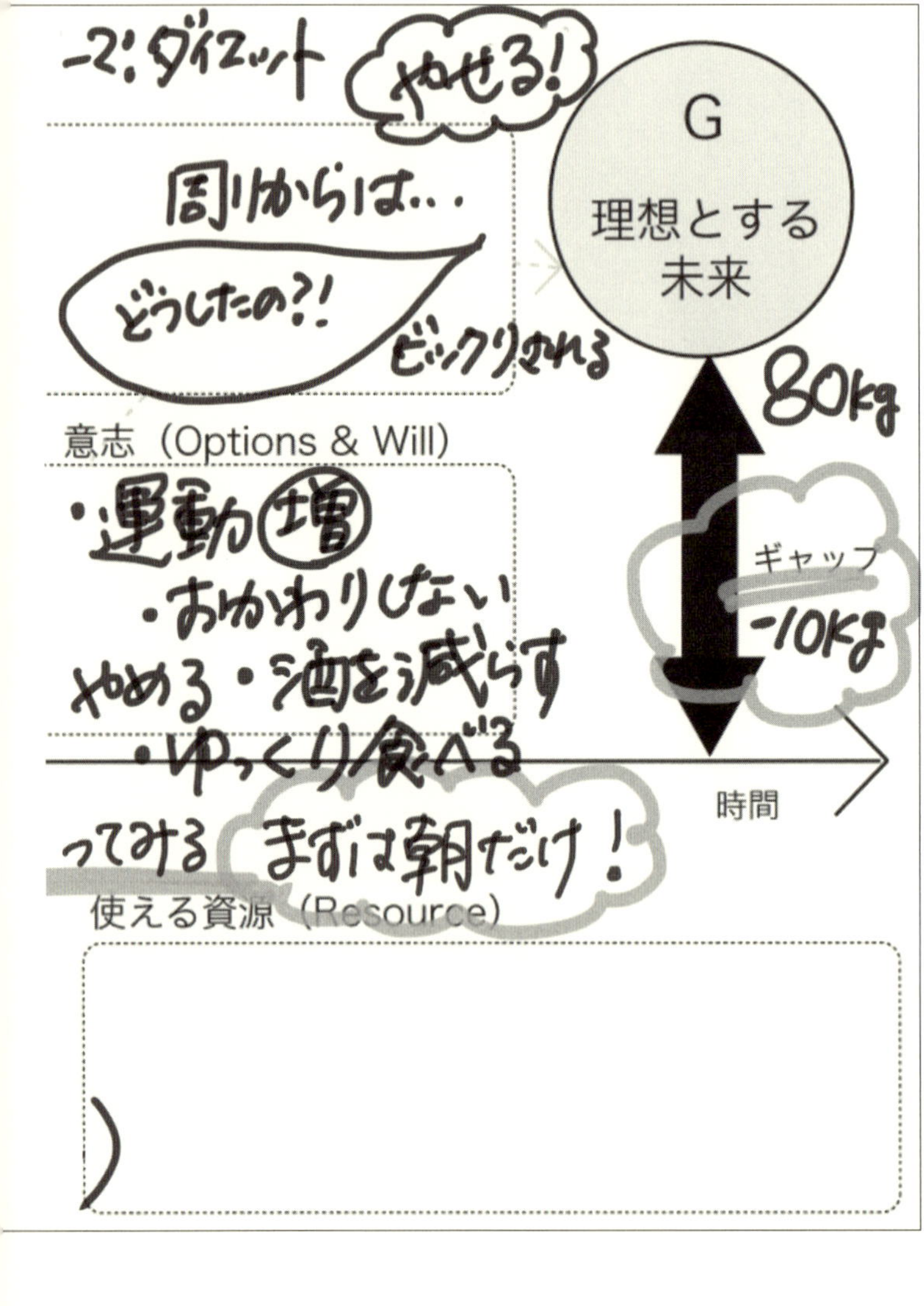
ーマ：ダイエット
やせる！
G
理想とする
未来
周りからは…
どうしたの？！
ビックリされる
80kg
意志（Options & Will）
・運動増
・おかわりしない
やめる・酒を減らす
・ゆっくり食べる
ギャップ
-10kg
時間
ってみる
まずは朝だけ！
使える資源（Resource）

図6-1 Sさんへのコーチング　GROWモデルワークシート作成例

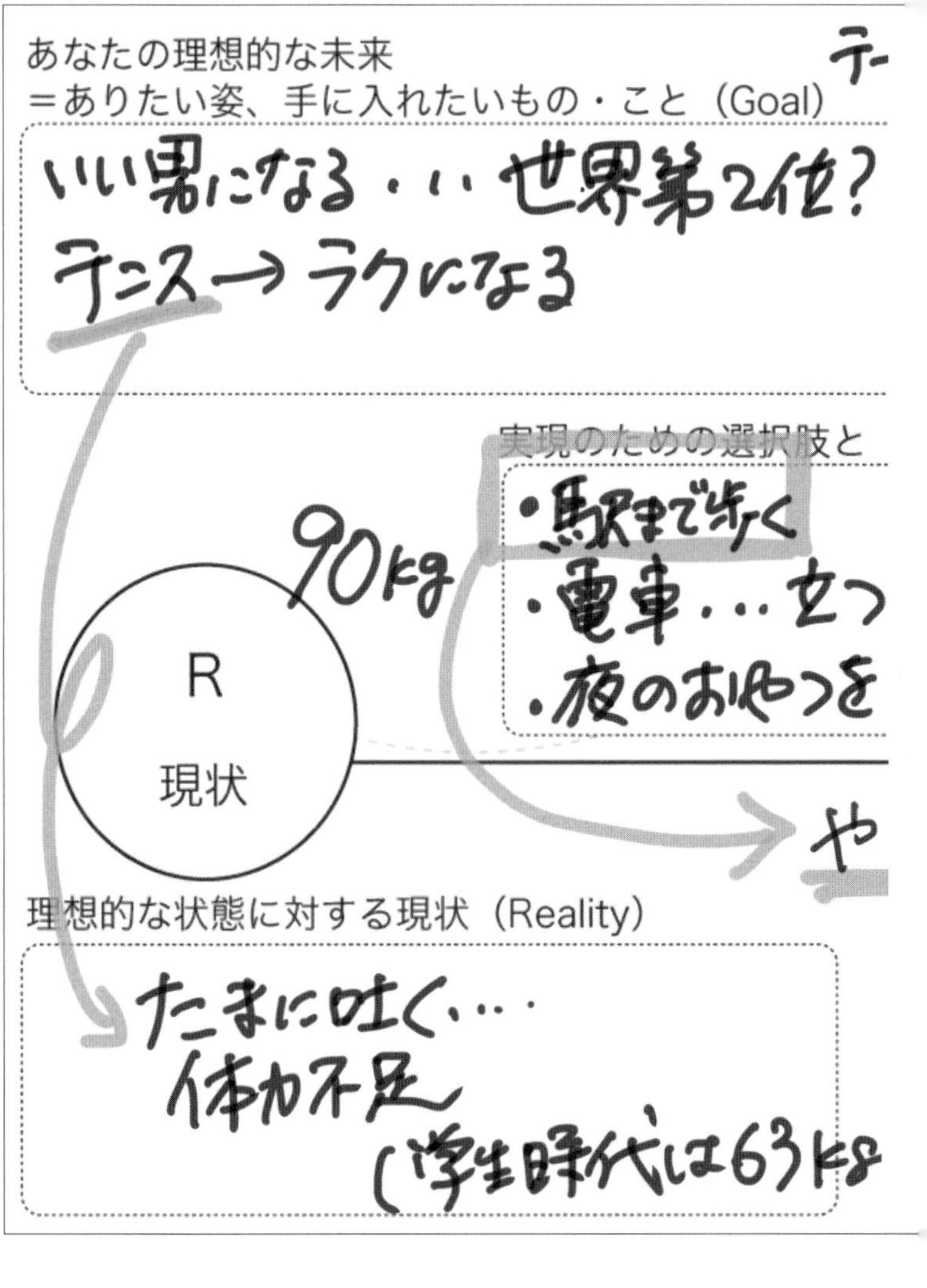

2 「管理手法を変更する!」自分のやり方に固執するC部長

意見が異なる上司へのコーチング

コーチングスキルが使える相手は、何も部下だけではありません。チームメンバーの意見を無視して改革を進めようとする上司に対し、コーチングスタイルでアプローチしたのは、金融機関に勤めるセールスパーソンAさんです。

結果、上司は方針を180度転換。「コーチングを学んでいなかったら、今頃は赤ちょうちんで『部長は価値観が違う』とみんなでクダを巻いていたと思います」とおっしゃるAさんの事例には、上司に対するコーチング実践のヒントがぎっしり詰まっています。

金融機関に勤めるAさんは、入社12年目のセールスパーソン。部長以下16名で構成される所属部門は、業界全体が低迷する中、収益面で毎年20%成長を続ける社内随一の精鋭チームです。躍進を続ける中、それまでリーダーとしてチームを引っ張ってきたB部長が異動。新たにやってきたのがC部長です。

C部長は、着任早々のミーティングで部員に対して、来期から①顧客ごと、商品ごとに細かく目標を設定し、②PDCAサイクルでそれらの目標を管理・統制し、③評価についても目標に対してどれだけ貢献したかを問う、といった管理手法に変更するつもりであると宣言しました。

これまでの「部員の主体性を重んじ、顧客のニーズをくみ取ったイノベーティブな商品を提供し続ける」という方針からの大きな変更であり、時間をかけて築いてきた部門の強みを捨て去ることになるため、部員たちはみな強い反発を覚えました。

メンバーのやる気の低下と、C部長への反発が高まる中、危機感を感じ対策を講じようと動き出したAさん。まずはC部長とのミーティングを設定、相手の話を聞くことに注力します。

なぜ彼が上述のような管理手法を採用することにこだわったのか、その背景を探るべく、C部長と2人でミーティングの時間を持つことにしました。

ステップ①相手の言い分を聞き切る

1時間程度のミーティングの中で、部長は「かつて営業部署にいた時代に上司から利益目標達成について厳しく責任を負わされたこと」「部下を厳しく管理することで目標を達成し続けてきたこと」「それによって今の地位があること」、また、「この部門でも必ず利益目標を達成したいと考えていること」などを次々と話してくれました。

ヒアリングしながらAさんが意識したのは、アイコンタクトやうなずき、相づち、柔和な表情、オウム返しなどの聞く態度。C部長がなぜ統制型管理手法にこだわるのか、今どんな気持ちを持っているのかなど、共感しながら聞くことを意識したと言います。

ここでの成功ポイントは、**相手への反論や説得をまずは一旦脇において、ひたすら聞き役に徹した点**。Ｃ部長の考えはこうですね、こんな背景があるんですねと確認しながら聞くことで、相手の言い分を整理します。「そうそう、そうなんだよ」と相手がうなずき、こちらが正しく理解しているか確認が取れればその場はＯＫです。

相手の言い分を聞いていると、ときにこちらからの意見を返したくなりますが、それは次のフェーズですべきこと。ここでは相手の意見や考えを聞き、聞いたことに確認を取り、相手に**「きちんと聞いてもらえた」**と実感させることに注力します。

ステップ②仮説と作戦を立てる

ヒアリングしたことで、Ｃ部長は入社以来30年に渡って「統制型の管理手法の中で結果を出してきた」のであり、「それを評価され続け、部長にまで昇進した」ということがわかり、Ｃ部長の言い分の背景には、強烈な成功体験があることが理解できました。また、「ゴールは利益目標達成であること」はチームメンバーの思いとも共通します。

そこでAさんは、「我が部門の商品性や営業スタイルの特徴といった現状」を確認しつつ、「管理手法は統制型ではなく、主体性重視型を採用したほうが目標達成の可能性が高まると考えられる」ことを意見として伝え、「一緒に目標に向かってがんばっていくこと」を明確化しようと決意を固めました。

ただ、C部長は「こうしてください」などと言うとかえって依怙地《いこじ》になり、反対の立場を強めてしまうおそれがあります。そこで、**こちらから提案するのではなく、会話の中でC部長本人が気づきを得る形となる**よう、「GROWモデルのコーチング」を意識して臨むことにしたのです。

相手の言い分を聞き、自分の意見との違いや共通点が整理できたら、対話の進め方について戦略を立てます。その際に活用できるのが、「GROWモデル」。意見は違う、しかし同じ方向を向いて進んでいきたい相手との共通のゴールは何かを考えます。

どのようなマネジメントスタイルを取るかは、あくまで手段。GROWモデルで言えば、

「Options」に相当する部分です。手段をどうするかで争っていては、お互いの主張はいつまで経っても平行線、どちらが正しいかをぶつけ合うだけの対話になってしまいます。

だからこそ、重要なのは**ゴールと現状の理解共有**です。ゴールも現状も、どのように理解しているかは人によって違いますから、ここでもしっかり相手の話を確認していくことが重要です。

ステップ③「GROWモデル」で対話してみよう

Goal & Reality：理想の未来と現実を明確にする

Aさん：昨日、C部長がこれまで強い意志で目標を達成されてきたことを伺って大変勉強になりました。来年度の当部署の利益目標も今年度の20％増と高いハードルですね。

C部長：高いからこそ燃えるんだ。来期も必ず達成したいと考えている。

Aさん：目標を達成したいという気持ちは、課員一同、部長と同じです。ところで当部署にいらして1か月、商品特性などは以前の部署と比べて何か違いはありますか。私は、個人向け商品のことは全くわからないので、後学のために教えていただけますか。

C部長：(個人向け商品の仕組みについて説明)。一方、この部署は個別カスタマイズで顧客ニーズを引き出し、次々に商品開発していて、みんなの開発力はすごいね。

Aさん：なるほど、個人向け商品は定型的な商品、一方で当部署は顧客との関係性と開発力で商品を生み出す。商品特性は全然違うわけですね。すると、当部署においてて一層高くなった来期目標を達成するためには、課員の顧客との関係性と開発力をより高めればいいということになるのでしょうか。

C部長：うん、そういうことだな。

来年度の目標数字**「今年度プラス20%」**というゴールを共有、過去のC部長の体験との違いという視点から、現状を明らかにしています。

その上で、数字目標を達成しているチームの様子を**「顧客との関係性と開発力をより高めることができている状態」**としてゴールセッティング。そこに向けてどのように行動していくかの対話に進みます。

Options & Will：行動選択と実行に向けて

Aさん：高めるためにどんな環境作りやバックアップ体制を構築すればよいでしょう？関係性や開発力の源泉となっているものは何かを考えながら、いくつかご意見いただけたらと思うんですが。

C部長：そうだな。例えば、「○○」「××」とか（中略）、「自由に顧客のところに行ける環境や物事を調べられる環境を作る」「なるべく客先や他部署にいる時間を多く作る」なんかもあるかもしれないな。

Aさん：なるほど……。これらを実現するようなマネジメントスタイルはどんなものでしょうか。

C部長：ここまで話してて気づいたんだけど、前任者のB部長がやってきたスタイルって一見、放任のように見えて実は営業成績を伸ばすのに効果があったのかな。

自分がやってきたマネジメントスタイルに自信があったんだけど、もしかしたら好きなようにやらせるほうが結果として目標達成の近道なのかもしれないな。

Aさん：部長のおっしゃる通りだと思います。管理手法を変えないほうがゴールに近づくと思います。私たち課員も目標達成に向けてこれまで以上に全力でがんばりたいと思います。

C部長：ありがとう。一緒にがんばっていこうな。よろしく頼むよ。

Aさん、これは素晴らしいコーチング的アプローチ。C部長のアイデアをまずはできるだけたくさん引き出してまとめていくことで、部長自らが効果的なマネジメントスタイルに辿り着くサポートを行っています。

ここでのポイントは、**同意できないようなアイデアや、首をひねるような意見が出たときも、それをきちんと同等に扱うこと。**相手が考える意見をすべて引き出し、リスト化するイメージです。

自分が思う意見がなかなか出ない場合は、相手がそういう視点を持っていないのかもしれません。最後まで聞き切った後に、相手の選択肢を増やすつもりでアイデアをプラスしましょう。

Check：振り返り

そして最後に振り返りです。Aさんからの報告をご紹介しておきます。

Aさん：2時間に及ぶコーチングの最後に、それとなく今の気持ちを聞いたところ、C部長は「これまで経験のないマネジメント手法のため、うまく管理できるか不安である」との本心を語ってくれました。
これに対して私が「主体性を重んじるが、課員は独断で動くことなく要所ではしっかりと相談し、決裁を仰ぐ」旨を伝えたところ、C部長は安心した様子でした。

このコーチング実践の後、すぐに課員を集めてミーティングを開き、来期以降のマネジメント手法を統制型ではなく、**これまでと変わらず主体性重視型で行うことを約束したと**いうC部長。

素晴らしい成果を報告してくれたAさんは、普段からC部長の言葉に耳を傾け話を聞くことで、良い関係性を構築していたとのこと。その上で、部長の個性や特徴を意識し、コーチングスキルを網羅的に利用したことも功を奏したのではないかと振り返ってくれました。

難易度が高そうな目上の人に対するコーチング。実はこの事例が特別なわけでも、Aさんだからできたわけでもありません。

「格段に仕事が進めやすくなった」「上司が意見を聞いてくれるようになった」「いつもは丸投げの部長が具体的な指示を出すようになった」など、上司に対するコーチング実践の成果、顧客や取引先、家族に対しての成果など、毎年たくさんの声が私のもとに寄せられています。

普段から、相手とコミュニケーションを取って個性を把握しておくこと。共通のゴールを見つけ、現状分析と今後に向けてのアクションを共に進めていこうという姿勢。そして対話を戦略的に、冷静に進めるためのスキルとツールを装備すれば、コーチングは誰でも実践可能なのです。

意見の違う相手を打ち負かし、自分の言い分をぶつけるだけの対応では、真の協力体制は生まれません。上司や同僚、チームメンバーに対しても、コーチングを意識してより良いチームへと進化させていきましょう。

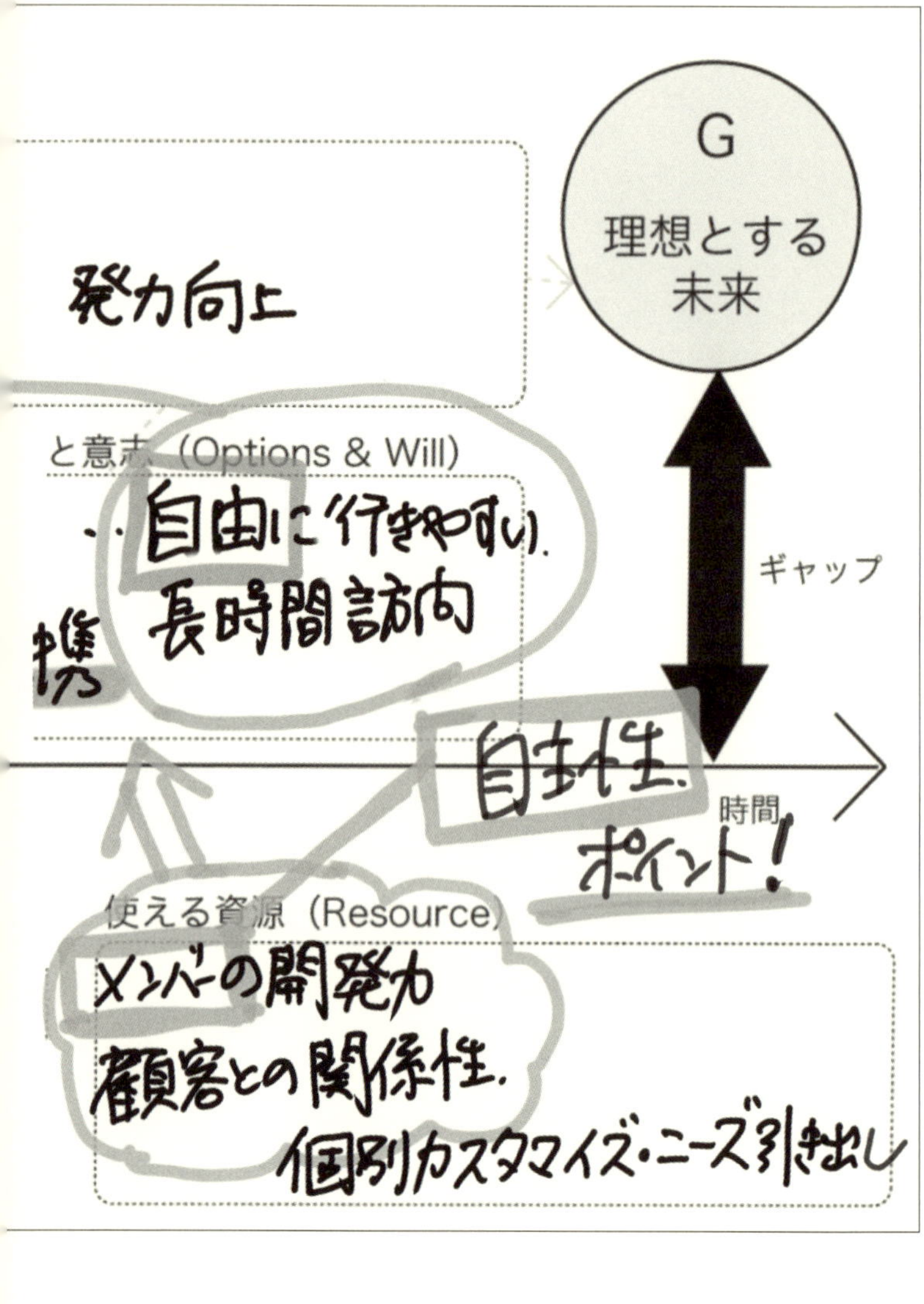
G
理想とする未来
ギャップ
時間
と意志（Options & Will）
使える資源（Resource）
発力向上
自由に行きやすい
長時間訪問
携
自主性
ポイント！
メンバーの開発力
顧客との関係性
個別カスタマイズ・ニーズ引き出し

図6-2 C部長へのコーチングアプローチ　GROWモデルワークシート作成例

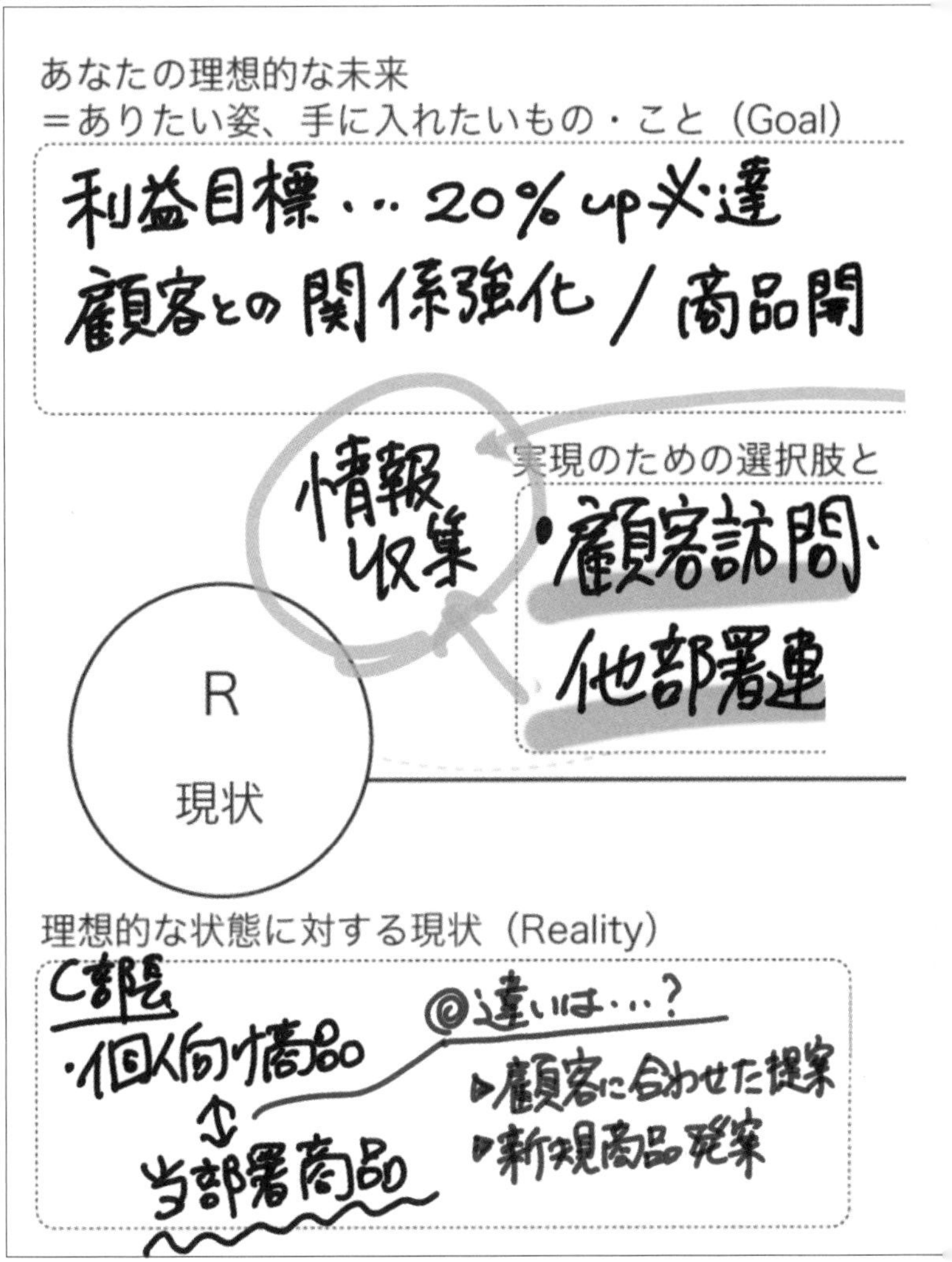

エピローグ

「聞く」リーダーが、未来を作る！

「コーチング本、出しましょう！」

そう言ってくださったのは、１冊目のファシリテーション本を出版した、すばる舎の編集担当原田さん。そのひと言をきっかけに、２０１５年10月から、この本の執筆はスタートしました。思いのほか難産で、刊行は遅れに遅れてようやく発刊。途中で何度も投げ出しそうになりながら、どうにか最後までたどり着けたのは、支えてくれた家族や友人含め、周囲の多くの方々のお陰です。

今もダイエット実践中で全国を飛び回る商社マンのＳさんや、「喜んで！」と執筆協力くださった葵木慎吾さん。巻末の年表を心よく提供してくれたコーチ仲間の谷口貴彦さん。講義の中で、たくさんの実践報告や、ぶつかりがちなお悩みを共有してくれた早稲田大学ビジネススクールの受講生の皆さん。人材ゼミの杉浦正和教授や、脳科学者の枝川義邦教授にも、多くの応援と示唆をいただきました。そして、本書を書き上げる原動力となったのは、これまで出会った数多くの人たちとの対話です。

「村長は一体、どんなお店にしたいんですか？」

こう質問したのは大学生の頃。在学中ずっとアルバイトとしてお世話になった、「チロリン村」というパン屋さんでのことでした。朝は6時に開店し、次々と新しい商品を作っては売り出す人気のお店でしたから、バイトに入るといつも大忙し。新しいアイデアを出しては現場を混乱させるオーナー＝村長に、半ば八つ当たり気味にぶつけた質問でした。

そんな会話を交わしたこともすっかり忘れた10年後、村長は病に倒れ、入院。お見舞いに行き、ビジネスコーチとして起業したことを告げた私に「そう言えば、以前『どんな店にしたいか』聞かれたなぁ」と一言。「聞かれたことで、考えさせられた。これからもいろんな人の話を聞いてやれよ」と、最期にかけてもらった言葉は、今も私の中でじんわりと響き続けています。

コーチングは、決して特別なスキルではありません。既にみんな持っている、誰もが磨けるスキルなのです。

私が本書でお伝えしたかったのは、このシンプルな一言です。コーチング実践で悩んだら、いつでも本書を手に取りトレーニング。取り組みやすいところから、小さな実践を重ねていきましょう。

人が育つところ、コーチングあり。
聞くリーダーが生み出す未来を、楽しみにしています！

二〇一七年二月　　谷 益美

資料1 相手を知るための時代キーワード年表

西暦	元号	出来事	流行語	映画	流行歌	ヒット商品	ファッション
1978	S53	成田空港開港	不確実性の時代	未知との遭遇	UFO、かもめが飛んだ日	AE カメラ	クロスオーバー、タンクトップ
1979	S54	共通一次試験	インベーダー、口裂け女	エイリアン	いい日旅立ち	紙おむつ、ウーロン茶	スポーツウェア
1980	S55	イラン・イラク戦争	カラスの勝手でしょ	ツィゴイネルワイゼン	ダンシングオールナイト	ルービックキューブ、ポカリスエット	ダウンジャケット
1981	S56	中国残留孤児来日	なめんなよ、クリスタル族	エレファントマン	ルビーの指輪	ガンダム、ゲームウォッチ	ブルゾン
1982	S57	ホテルニュージャパン火災	カイカン、ネクラ・ネアカ	蒲田行進曲、E・T	北酒場	無印良品、システムキッチン	東京コレクションブーム
1983	S58	東京ディズニーランド開園	いいとも、おしん	戦場のメリークリスマス	矢切の渡し	ワンルームマンション	レッグウォーマー
1984	S59	ロス疑惑、新札発行	財テク、くれない族	お葬式	浪花節だよ人生は	テレホンカード	デザイナーズ・ブランド
1985	S60	日航ジャンボ機墜落	おニャン子、ヤリガイ	バック・トゥ・ザ・フューチャー	ミ・アモーレ	スーパーマリオ	コンサバティブ
1986	S61	チェルノブイリ原発事故	激カラ、新人類	プラトーン、子猫物語	DESIRE	カラムーチョ	ボディコンシャス
1987	S62	ブラックマンデー	花キン・花モク、フリーター	マルサの女	愚か者、君だけに	アサヒスーパードライ	アメカジ
1988	S63	リクルート疑惑	おたく族、過労死、DINKS	敦煌	乾杯	ファイブミニ	渋カジ
1989	H1	ベルリンの壁崩壊、天安門事件	逆玉、バイリンギャル	フィールドオブドリームス	シングル・アゲイン	リゲイン	アーバンエスニック
1990	H2	湾岸戦争勃発	ファジー、アッシー、3K	ゴースト	踊るポンポコリン	ティラミス、果汁グミ	キレカジ
1991	H3	ソ連邦崩壊	バツイチ、エコ・グッズ	羊たちの沈黙	愛は勝つ	宮沢りえヌード写真集	クラブ系カジュアル
1992	H4	クリントン大統領誕生	ほめ殺し	ミンボーの女	君がいるだけで	UFO キャッチャー、カラオケルーム	フレンチカジュアル
1993	H5	皇太子・雅子妃ご成婚	マインドコントロール、お立ち台	ジュラシック・パーク	負けないで	格安パックツアー、Jリーグ	アウトドアスタイル
1994	H6	大江健三郎ノーベル賞	コギャル、茶髪、価格破壊	シンドラーのリスト	イノセントワールド	携帯電話、カーナビ	70's UK カジュアル
1995	H7	阪神淡路大震災・サリン事件	ハルマゲドン、官官接待	フォレスト・ガンプ	ラブ・ラブ・ラブ	ウィンドウズ 95、MD プレーヤー	NY カジュアル
1996	H8	O157 集団食中毒	メークドラマ、援助交際	Shall We ダンス？	アジアの純真	エアマックス	モード系、デルカジ
1997	H9	消費税 5%、香港返還	経営破綻、たまごっち	もののけ姫、タイタニック	HOWEVER	ポケモン、プリウス	女子高生スタイル
1998	H10	金融ビッグバン、長野オリンピック	バイアグラ、だっちゅうの	ライフ・イズ・ビューティフル	誘惑	iMac、発泡酒	キャミソール
1999	H11	Y2K 問題、東海村臨界事故	ミレニアム、カリスマ	アメリカン・ビューティ	First Love	アイボ、リアップ	厚底靴
2000	H12	雪印食中毒事件、二千円札	IT 革命、おっはー	グラディエーター	TSUNAMI	プレステ 2	ヘアエクステンション
2001	H13	米国同時多発テロ	バリアフリー、米百俵	千と千尋の神隠し	Dearest	ADSL、ベイブレード	柄タイツ、脚長パンツ
2002	H14	サッカー W カップ日韓開催	プチ整形、ポッタリアン	ハリーポッター	亜麻色の髪の乙女	Suica、薄型テレビ	ロングマフラー、フォークロア
2003	H15	イラク戦争勃発	毒饅頭、なんでだろう	シカゴ	世界に一つだけの花	ヘルシア緑茶、高機能マスカラ	ヌーブラ、スカートスタイル
2004	H16	アテネオリンピック	超気持ちいい、残念！	世界の中心で愛を叫ぶ	花	冬のソナタ、iPod	セレブファッション
2005	H17	愛知万博	クールビズ、小泉劇場	電車男、NANA	恋のマイアヒ	ETC、DS、PSP	エロカワ

資料2-2 ソーシャルスタイル診断 判定チャート

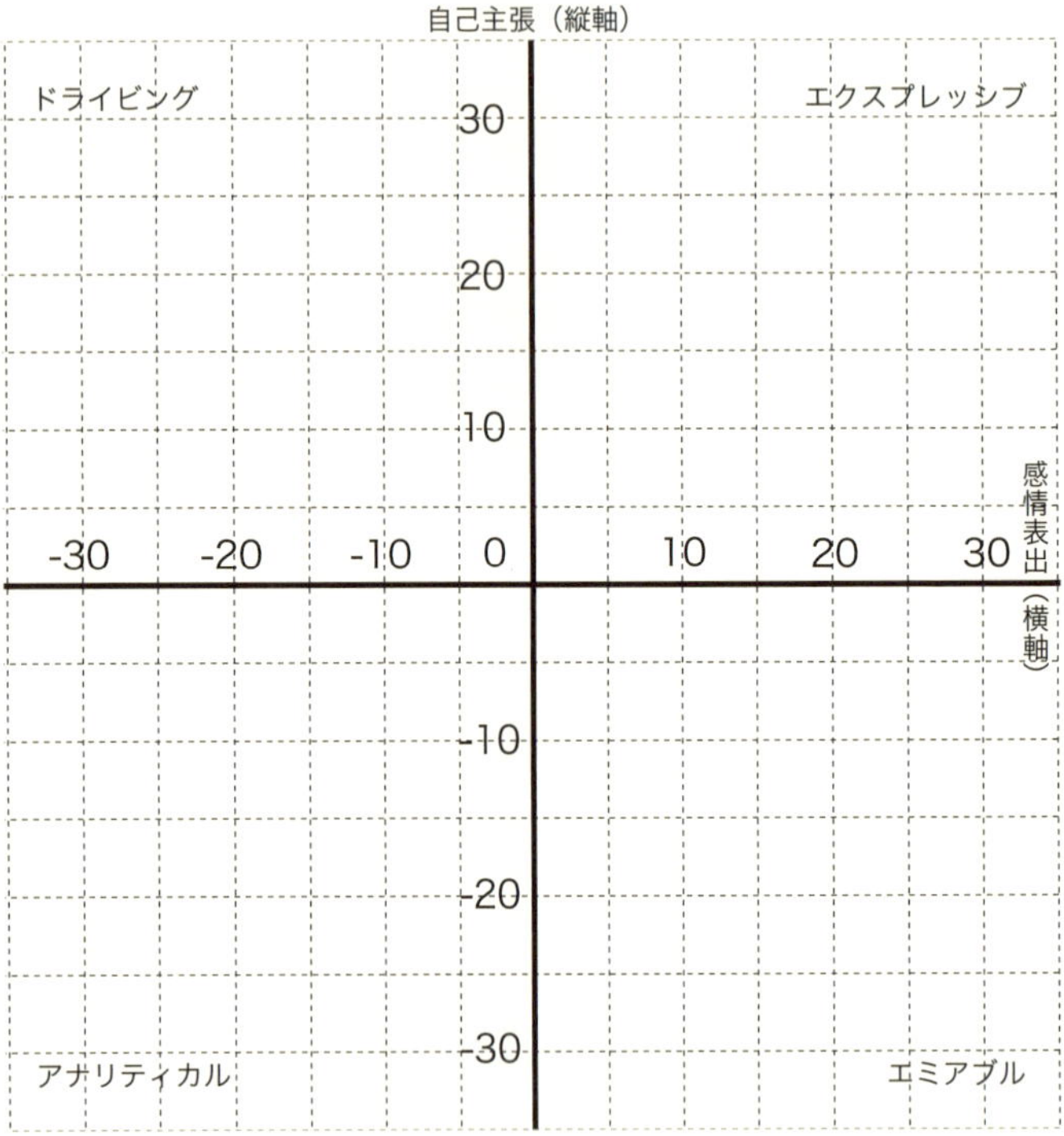

ドライビング…勝ち負け、戦略、戦術、ライバル、戦い、強さ、理論、結果、白黒
エクスプレッシブ…楽しい、オリジナル、新しい、変わった、面白い、ノリ、自由
エミアブル…お役に立つ、仲良し、チームワーク、お陰さま、ありがとう、サポート
アナリティカル…正確、正しい、計画、研究、専門性、じっくり、コツコツ、データ

→主張軸、感情軸の合計点数を上記に当てはめてみましょう。両方の点数を結んだところにあるエリアが、あなたのソーシャルスタイル傾向です。

参考文献：『対人能力を伸ばせ　人を動かし、自分を活かす技術』（産業能率大学出版）ロバート・ボルトン＆ドロシー・ボルトン著、上野一郎監訳、宮城まり子訳

資料2-1 ソーシャルスタイル診断 問診票

主張軸（縦軸）　←　どちらの傾向がより強いか　→

ゆっくり慎重に行動する	−3	−1	0	1	3	迅速に行動する
ゆっくりソフトに話す	−3	−1	0	1	3	速く強く話す
発言はうつむきがち	−3	−1	0	1	3	発言は前のめり
遠慮がちに対話する	−3	−1	0	1	3	遠慮せずに対話する
思い切った行動はしない	−3	−1	0	1	3	思い切った行動をする
話すよりも聞く	−3	−1	0	1	3	聞くよりも話す
フォロワー志向	−3	−1	0	1	3	リーダー志向
決断が遅い	−3	−1	0	1	3	決断が速い
リスクを回避する	−3	−1	0	1	3	リスクを恐れない
プレッシャーを与えない	−3	−1	0	1	3	プレッシャーを与える
視線を合わせない	−3	−1	0	1	3	視線を合わせる
各点数合計						

総合計点数　　点

感情軸（横軸）　←　どちらの傾向がより強いか　→

身振り手振りが少ない	−3	−1	0	1	3	身振り手振りが多い
決められた行動をとる	−3	−1	0	1	3	自由な行動をとる
真面目な表情で話す	−3	−1	0	1	3	表情豊かに話す
うちとけにくい	−3	−1	0	1	3	親しみやすい
フォーマル	−3	−1	0	1	3	カジュアル
感情は出さない	−3	−1	0	1	3	感情を出す
決断は事実重視	−3	−1	0	1	3	決断は感覚重視
仕事志向	−3	−1	0	1	3	人間志向
雑談が苦手	−3	−1	0	1	3	雑談が得意
時間に厳しい	−3	−1	0	1	3	時間に無頓着
規律に従う	−3	−1	0	1	3	自分に従う
各点数合計						

総合計点数　　点

→日頃の人との関わりやものの考え方を振り返り、どちらの傾向がより強いか、該当する数字を○で囲んでみましょう。できるだけ「3」か「-3」に極端に振ったほうが、はっきりと結果が出ます。

資料3 GROWモデルワークシート

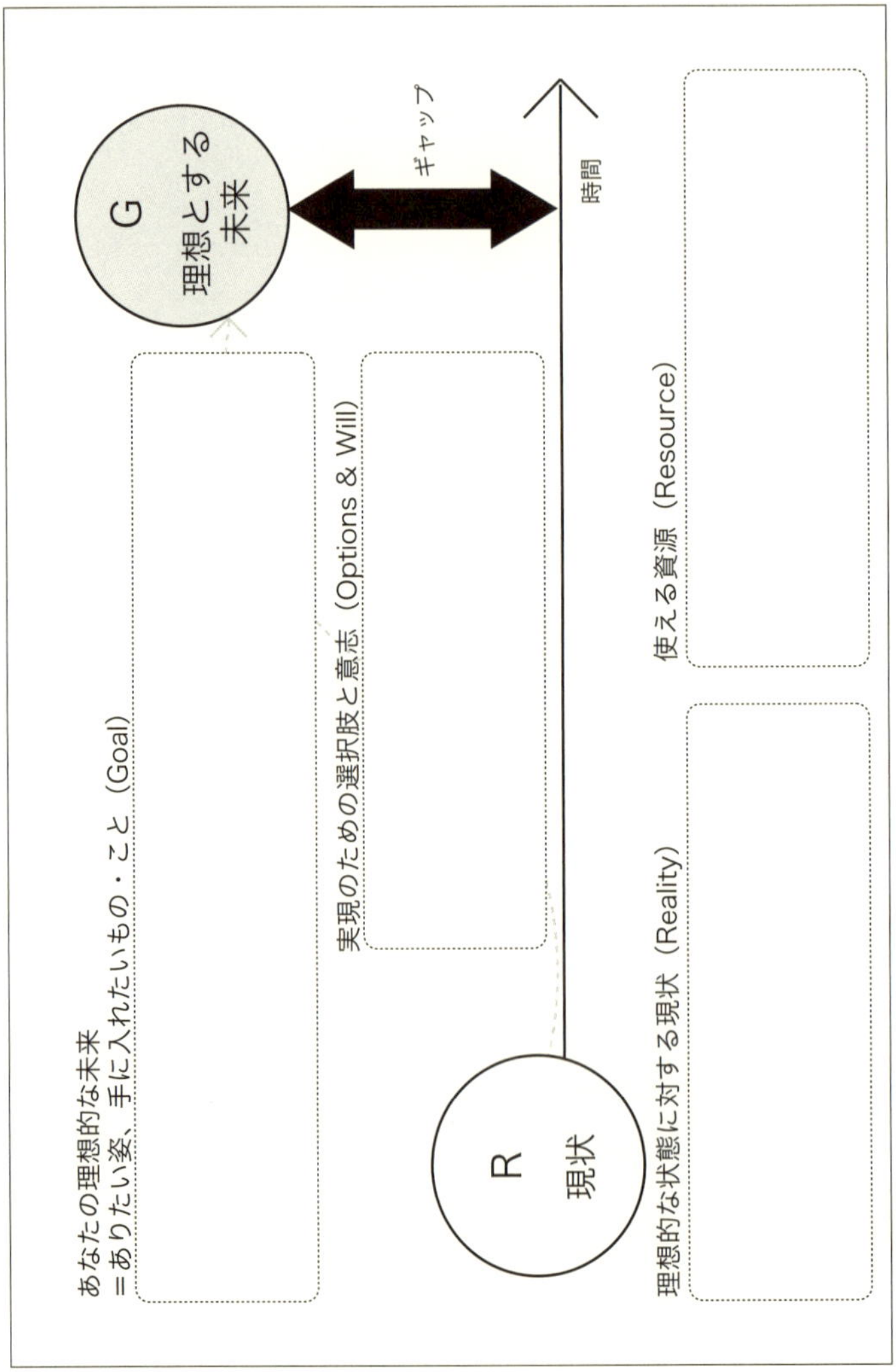

【著者紹介】
谷 益美（たに・ますみ）

⦿―コーチ、ファシリテーター。株式会社ONDO代表取締役。1974年香川県生まれ。香川大学卒。建材商社営業職、IT企業営業職を経て2005年独立。早稲田大学ビジネススクール、岡山大学で非常勤講師。NPO法人国際コーチ連盟日本支部顧問。NPO法人日本コーチ協会四国チャプター相談役。

⦿―専門はビジネスコーチング及びファシリテーション。企業、大学、官公庁などでコーチング研修やコーポレートコーチングなど、年間約200本の実践的学びの場作りを行う。2015年に加えて2020年、優れた講義を実施する教員に贈られる「早稲田大学Teaching Award」を受賞。雑誌やウェブサイトへの記事寄稿、取材依頼等多数。

⦿―著書に『リーダーのための！ファシリテーションスキル』『まとまる！決まる！動き出す！ ホワイトボード仕事術』（小社）、『タイプがわかればうまくいく！コミュニケーションスキル』（総合法令出版・枝川義邦氏共著）、『マンガでやさしくわかるファシリテーション』（日本能率協会マネジメントセンター）、論文「コーチングにおける重要度の理解と実践の認知」（『実践経営』第51号2014年・杉浦正和氏共著）、挿絵『MBA「つまるところ人と組織だ」と思うあなたへ』（同友館）がある。

【株式会社ONDO】
http://www.ondo.company

リーダーのための！コーチングスキル

2017年2月27日　第1刷発行
2020年7月17日　第5刷発行

著　者―――谷 益美

発行者―――徳留慶太郎

発行所―――株式会社すばる舎

東京都豊島区東池袋3-9-7 東池袋織本ビル　〒170-0013
TEL　03-3981-8651（代表）　03-3981-0767（営業部）
振替　00140-7-116563
http://www.subarusya.jp/

印　刷―――図書印刷株式会社

ISBN978-4-7991-0553-5